不思議の国のアリス
이상한 나라의 앨리스

ルイス・キャロル
原著

ユ・ウンキョン
韓国語訳・解説

Original Illustrations
John Tenniel

•

日本語
井上久美

•

編集協力
キム・ヒョンデ

•

録音
루나웨이브 (LUNARWAVE)

•

イラスト

はじめに

"가르쳐 주셨으면 하는데요, 저는 앞으로 어느 쪽으로 가야 할까요?"
「教えていただきたいんですが、わたしこれから、どこに向かったらいいのでしょうか？」

"중요한 질문은 네가 어디로 가고 싶으냐는 거란다." 고양이가 대답했습니다.
「重要な質問は、あんたがどこへ行きたいかだよ」と、ネコが答えました。

"특별히 어디로 가든 상관없어요." 앨리스가 말했습니다.
「別にどこへ行ってもいいんです」と、アリス。

"그렇다면 어디로 가더라도 상관없지 않겠니?" 고양이는 말했습니다.
「それならどこへ行ったっていいじゃないか」と、ネコ。

"어딘가에 도착할 수만 있다면." 앨리스는 말했습니다.
「どこかへたどり着くことさえできれば」と、アリス。

"그건 문제없어." 고양이는 계속해서 말했습니다. "멀리까지 가면 돼."
「それは問題ないよ」と、ネコは続けました。「遠くまで行けばいい」

　ルイス・キャロル作『不思議の国のアリス』は、ある夏の昼下がり、お姉さんと一緒に川べりで休んでいた小さなアリスが白ウサギを追いかけて穴に飛び込み、不思議の国に迷い込むというストーリーです。子どもだけでなく大人にも高い人気を得たこの物語は、演劇、映画、テレビドラマ、ミュージカルなどさまざまな分野で脚色されました。ディズニーのアニメーションやティム・バートン監督の映画でもよく知られており、小説もまた世界中の50以上の言語に翻訳されています。

　この本にはアリスや読者にとって、"あたり前"ではないことを、あたり前のごとくふるまい、アリスを困らせる連中ばかりが登場します。とまど

いながらも、読者はアリスと一緒に、好奇心をそそられ、不思議な世界に知らず知らずのうちに引き込まれていくのです。

　作者のルイス・キャロルの本名は、チャールズ・ラトウィッジ・ドジソンで、イギリスのオックスフォード大学の数学講師でした。1862年7月4日（金）のよく晴れた昼下がり、ドジソン先生は、自分が属するクライスト・チャーチ・カレッジの学寮長リドル博士の三人の幼い娘たちと、牧師のロビンソン・ダックワースさんといっしょに、テムズ川の支流を下る舟遊びに出かけました。川下りの間、ドジソン先生は、「ナンセンスなお話を」と次女アリス（当時10歳）にせがまれ、アリスを主人公にしたお話を思いつくままに語りました。『不思議の国のアリス』は、そのときのお話をもとに1865年に出版されたものです。

　本書は日本語を韓国語に翻訳して見開きに並べた対訳書で、翻訳にあたっては何より韓国語を勉強する読者のためにできるだけ易しくわかりやすい韓国語を使うようにしました。韓国語と日本語の文章を交互に見ながら、日本語の文章がどのように韓国語に翻訳されたのかを比較することは学習の助けとなるでしょう。また、本書を通じて韓国語を目で読む楽しさだけでなく、耳で聞く楽しさも感じられます。韓国語を勉強する日本人読者を想定した、専門の韓国人ナレーターによるゆっくりとした正確な発音の音声を繰り返し聞くだけでも、韓国語の実力向上に役立つでしょう。

　앨리스의 이상한 나라에 잘 오셨습니다!
　アリスの不思議の国にようこそ！

本書の構成

本書は、

☐ 韓日対訳による本文　　　☐ 欄外の語注
☐ 覚えておきたい韓国語表現　☐ MP3形式の韓国語音声

で構成されています。本書は、「不思議の国のアリス」の日本語をわかりやすい韓国語に翻訳して左右に配置しているので、ストーリーを楽しみながら、より自然な韓国語表現を身につけることができます。また各ページには主要単語や上級単語の語注があるので、文章の中でその単語がどのような意味で使われているのかをすぐに確認できます。

　ストーリーは大きく３部に分かれており、各部ごとに「覚えておきたい韓国語表現」を設け、登場する韓国語の中でよく使われる表現、有用に活用できる表現の文法説明とともに、その表現を使用した例文も収録されています。

　文中のQRコードをスマートフォンなどで読み取ると、その部分の韓国語音声を聞くことができます。最初は韓国語の文を目で追いながら、耳で韓国語の発音を確認しましょう。その後は、韓国語の音声を聞くだけでストーリーを理解することができるように、繰り返し音声を聞いてください。いつの間にか韓国語に慣れて身についてきた自分を発見することができるでしょう。

＊本書は左ページに韓国語、右ページに日本語を配し、対照して読み進めていただけるようつくられています。必ずしも同じ位置から始めることは難しいのですが、なるべく該当の日本語が見つけられやすいように、ところどころ行をあけるなどして調整してあります。

●音声一括ダウンロード●

本書の朗読音声（MP3形式）を下記 URL と QR コードから無料で PC などに一括ダウンロードすることができます。

https://ibcpub.co.jp/audio_dl/0765/

※ダウンロードしたファイルは ZIP 形式で圧縮されていますので、解凍ソフトが必要です。
※ MP3 ファイルを再生するには、iTunes や Windows Media Player などのアプリケーションが必要です。
※ PC や端末、ソフトウェアの操作・再生方法については、編集部ではお答えできません。
　付属のマニュアルやインターネットの検索を利用するか、開発元にお問い合わせください。

目次

제 1 부

01

제 1 장

토끼 굴에 떨어져서

강가에 있던 앨리스는 언니 옆에서 아무 일 없이 앉아 있는 게 너무나 심심했습니다. 언니가 읽는 책을 한두 번 들여다보기는 했지만 그림도 대화도 없었습니다. '그림도 대화도 없는 책 따위, 도대체 어디에 쓸 수 있을까?'라고 앨리스는 생각했습니다.

그래서 자리에서 일어나 꽃이라도 따러 갈까 하는 생각을 하기 시작했습니다(그렇기는 해도 날이 더운 데다가 졸음까지 쏟아져서 어떻게든 생각을 이어가려고 한 것입니다). 갑자기 분홍색 눈을 한 흰 토끼가 앨리스의 바로 옆을 스쳐 지나갔습니다.

그게 그다지 이상한 일도 아니었고, 토끼가 "큰일났다, 큰일났어, 지각이야!"라고 혼잣말을 하는데도 이상하다는 생각은 들지 않았습니다. (하지만 나중에 생각해 보니, 놀라는 게 당연한 일인데, 라는 사실을 깨달았습니다. 그런데 그때는 어쩐 일인지 너무나 자연스러운 일인 듯 여겨졌습니다.)

■심심하다 退屈だ ■졸음 眠気 ■흰 토끼 白ウサギ ■스쳐 지나가다 すれ違う ■큰일나다 大変なことになる ■혼잣말 独り言

第 1 章

ウサギの穴に落ちて

　川べりにいたアリスは、お姉さんのそばで何もすることがなく座っているのがとてもたいくつになってきました。お姉さんが読んでいる本を一、二度のぞいてみたけれど、さし絵も会話もありません。「さし絵も会話もない本なんて、なんの役に立つのかしら?」とアリスは思いました。

　そこで、起きあがってお花を摘みに行こうかしらと考え始めました(とは言っても、暑くてすごく眠くなってしまい、一生懸命考えようとしたのです)。突然、ピンクの目をした白ウサギがアリスのすぐそばを駆け抜けていきました。

　それは別におかしなことではなかったし、ウサギが「たいへん、たいへん、遅刻しちゃう!」とひとりごとを言っているのに、ヘンだとは思いませんでした。(でもあとから考えたら、びっくりしても当然なのに、ということに気づきました。でもそのときは、なぜかとても自然なことに思えたのでした。)

그런데 토끼가 윗도리 주머니에서 회중시계를 꺼내 바라보다가 서둘러 달려갔을 때에서야 앨리스는 일어나기로 했습니다. 주머니 달린 윗도리를 입은 토끼도, 회중시계를 가지고 있는 토끼도 이제까지 본 적이 없다는 사실을 깨달았던 것입니다. 확 구미가 당겨, 앨리스는 토끼를 따라서 들판을 가로질렀습니다. 마침 토끼가 커다란 토끼 굴로 뛰어드는 것을 보았습니다.

앨리스는 토끼를 뒤쫓아 구멍으로 뛰어들었습니다. 어떻게 구멍에서 기어올라와야 할지 따위는 전혀 머릿속에 없었습니다. 토끼 굴은 한동안 곧바로 이어지다가 갑자기 밑으로 뚝 떨어지게 되어 있었습니다. 너무나 갑작스러워서 깊은 구멍 같은 곳으로 떨어지는 것을 막을 시간이 없었습니다.

떨어지면서 이 다음에 도대체 무슨 일이 일어날지 앨리스는 생각해 보려 했습니다. 먼저 바로 밑을 보면서 자기가 떨어지고 있는 그곳에 무엇이 있을지 추측해 보려고 했지만, 너무 어두워서 아무것도 보이지 않았습니다. 다음으로 구멍의 안쪽 벽을 바라보았더니 책장이 **빽빽**이 들어차 있는 것을 알 수 있었습니다. 지나다가 항아리를 하나 집어 보았더니 '오렌지 마멀레이드'라는 상표가 붙어 있었습니다. 그런데 안타깝게도 텅 비어 있었습니다. 무심코 떨어뜨려 항아리가 산산조각 나서 누군가 죽게 된다면 큰일이다 싶어서 항아리를 떨어뜨리고 싶지 않았습니다. 앨리스는 떨어지는 도중에 다른 책장에 항아리를 돌려 놓았습니다.
　'그래' 앨리스는 생각했습니다. '앞으로는 집 계단에서 떨어져도 괜찮을 거야!'

■회중시계 懐中時計　■가로지르다 横切る　■추측하다 推測する　■빽빽이 ぎっしりと
■무심코 思わず、うっかり　■산산조각이 나다 粉々に砕ける

ウサギがなんと、上着のポケットから懐中時計を取りだして眺め、急いで走り去ったとき、アリスは起き上がることにしました。ポケット付き上着を着ているウサギも懐中時計を持っているウサギも、今まで見たことがないことに気づいたのです。すごく興味をひかれ、アリスはウサギを追って原っぱを突っ切りました。ちょうどウサギが、大きなウサギの穴に飛び降りるところを見とどけました。

　アリスはウサギのあとを追って、穴に飛び込みました。どうやって穴からはい上がったらいいのかなんて、まったく考えませんでした。ウサギの穴は、しばらくまっすぐに進んでいて、それからふいに真下に向かっていました。あんまり急だったので、深い穴みたいなところを落ちていくのを止める時間がありませんでした。

　落ちながら、次にいったいなにが起こるのかアリスは考えようとしました。まずは真下を見て、落ちて行く先に何があるのか推測しようと思いましたが、暗過ぎて何も見えませんでした。次に、穴の内側の壁を見てみたら、本棚がぎっしり詰まっているのがわかりました。通りすがりにつぼをひとつ手に取ってみると、「オレンジ・マーマレード」とラベルが貼ってありました。でも残念ながら空っぽでした。うっかり落としてつぼがこなごなに割れて誰か死んでしまったら大変だと思ったので、つぼを落としたくありませんでした。アリスは、落ちて行く途中で、別の本棚につぼをもどしました。

　「そうね」アリスは思いました。「これからは、おうちの階段を落ちても大丈夫！」

밑으로, 밑으로, 밑으로. 영원히 떨어지기만 하는 것일까? "나, 얼마나 떨어진 거야?" 앨리스는 큰 소리로 말했습니다. '지구 중심에 가까워졌을 게 틀림없어. 그럼, 아마 4천 마일 정도 떨어진 게 아닐까……' (여러분도 알다시피 앨리스는 학교 수업에서 다음과 같은 내용을 공부했던 것입니다. 배운 것을 입밖으로 내는 연습을 하는 타이밍으로는 그다지 좋지 않을지 모르지만 아무도 듣고 있지 않았기 때문에 앨리스는 말해 보고 싶어졌습니다.) "정답. 대체로 그 정도 거리입니다."

그리고는 바로, "지구를 뚫고 지나가 버리는 걸까! 머리를 밑으로 향하게 하고 걷는 사람들 속으로 떨어진다면 정말 이상하게 생각할 텐데. 하지만 역시 나라 이름은 물어야겠지. '죄송한데요, 부인, 여기는 뉴질랜드인가요? 아니면 오스트레일리아인가요?' 그런 질문을 하다니, 어떻게 이렇게 이상한 여자애가 있지, 라고 분명 생각할 거야. 역시 절대로 질문해서는 안 되겠어. 어딘가에 적혀 있을지도 모르잖아."

밑으로, 밑으로, 밑으로. 그 밖에는 아무것도 할 일이 없었기 때문에 앨리스는 다시 혼잣말을 하기 시작했습니다. "다이나는 오늘밤, 내가 없어져서 매우 쓸쓸해할 거야." (다이나는 고양이 이름입니다.) "티타임에 우유 주는 걸 잊어버리지 않았으면 좋겠어. 나의 소중한 다이나! 너도 나랑 같이 떨어졌으면 좋았으련만. 안타깝게도 이 공간 안에 쥐의 기척은 없지만." 갑자기 참을 수 없는 졸음이 앨리스를 엄습해 왔습니다. 그때, 갑작스레, 나무와 낙엽 위로 떨어진 것입니다. 추락은 이것으로 끝.

■고양이 猫　■기척 気配　■추락 墜落

　下へ、下へ、下へ。永遠に落ちていくのかしら？「わたし、どこまで落ちたの？」アリスは大声で言いました。「地球の中心に近づいたに違いないわ。さあてと、多分、四千マイルぐらい落ちたんじゃないかしら……」（みなさん、おわかりのように、アリスは学校の授業で、こんなことを勉強していたのです。学習したことを口に出す練習をするタイミングとしてはあまりよくなかったかもしれませんが、誰も聞いていなかったので、アリスは言ってみたくなったのです。）「正解。だいたいそれぐらいの距離ですね」

　またすぐに、「地球を突き抜けてしまうかしら！　頭を下にして歩いてる人たちの中に飛び出したら、ほんとうにヘンに思われるでしょうね。でもやっぱり、国の名前を尋ねなくちゃね。『すみません奥様、ここはニュージーランドですか？　それともオーストラリアですか？』そんな質問をするなんて、なんて変わった女の子なんでしょうって、きっと思われるわ。やっぱり質問するのは絶対にダメ。どこかに書いてあるかもしれないし」

　下へ、下へ、下へ。ほかに何もすることがなかったので、アリスはまたひとりごとを始めました。「ダイナは今夜、わたしがいなくてすっごく寂しがるわ」（ダイナは猫の名前です。）「ティータイムにミルクをあげるのを忘れないでほしいわ。わたしの大切なダイナちゃん！　あなたもわたしと一緒に落っこちてくれたらよかったのに。残念ながら空中にネズミの気配はしないけど」　アリスは急に、睡魔に襲われました。その時、いきなり、木と枯れ葉の上に落ちたのです。墜落はこれでおしまい。

제 1 장

다친 곳이 없었기 때문에 앨리스는 벌떡 일어났습니다. 주위를 쳐다보았더니 깜깜했습니다. 눈 앞에는 통로가 있었고 흰 토끼가 급히 달려가는 모습이 보였습니다. 흰 토끼를 쫓아가려면 서둘러야 해. 초특급으로 달리다 보니 토끼가 길모퉁이를 꺾어 들어가면서 "내 눈도 귀도, 점점 늦어져!"라고 말하는 게 마침 들려왔습니다. 그 뒤를 바로 쫓아 길모퉁이를 돌았는데 토끼의 모습은 아무데도 보이지 않았습니다. 낮은 천장에 매달린 램프에 비친 좁고 긴 방에 앨리스는 서 있었습니다.

방은 문으로 둘러싸여 있었습니다. 하지만 전부 잠겨 있었습니다. 방 한 켠부터 차례대로 문을 열어 보려고 방을 한 바퀴 돌아 보았지만 어느 것도 열리지 않았습니다. 낙담해서 방 한가운데로 걸어가 도대체 어떻게 이런 이상한 곳을 빠져 나갈 수 있을까 하는 생각을 했습니다.

갑자기 다리가 세 개 달린 작은 유리 테이블이 앨리스의 눈에 들어왔습니다. 그 위에는 작은 금빛 열쇠가 놓여 있었습니다. 그 순간 앨리스의 머릿속에 떠오른 것은, 이것이 방 문 중 하나를 열 수 있는 열쇠일지도 모른다는 사실이었습니다. 그런데 유감스럽게도 그 열쇠는 열쇠 구멍에 비해서 너무 크거나 작아서 문을 열 수가 없었습니다. 앨리스가 두 번째로 방을 한 바퀴 돌았을 때, 방금 전까지만 해도 눈치 채지 못했던, 높이가 낮은 커튼을 발견했습니다. 커튼 뒤에는 40센티미터 높이의 작은 문이 숨겨져 있었습니다. 작은 금빛 열쇠를 그 열쇠 구멍에 밀어 넣었더니 기쁘게도 딱 맞았던 것입니다!

■깜깜하다 真っ暗だ　■길모퉁이 曲がり角　■낙담하다 落胆する　■유감스럽다 残念だ

14

けがをしていなかったので、アリスはぴょんと立ち上がりました。見上げると、まわりは真っ暗です。目の前には、通路があり、白ウサギが急いで走っていく姿が見えました。白ウサギを追いかけるのなら、急がなくては。超特急で走ると、ウサギが角を曲がりながら、「僕の目も耳も、どんどん遅くなる！」と言っているのがちょうど聞こえました。そのすぐうしろに追いついて角を曲がったのに、ウサギの姿はどこにもありません。低い天井からぶら下がったランプに照らされた、細長い広間にアリスは立っていました。

広間はドアで囲まれていました。でも全部閉まっていました。部屋の一方から順番にドアを開けようとして広間をぐるりと回りましたが、どれも開きません。がっかりして広間の真ん中に歩いていき、いったいぜんたい、どうやったらこのへんてこな所を抜け出せるのかしらと思いました。

突然、三本脚の小さなガラス製テーブルがアリスの目に飛び込んできました。その上に、小さな金色の鍵がのっていました。アリスがすぐに思いついたことは、これは広間の扉の一つを開ける鍵かもしれないということでした。でも残念なことに、どの鍵穴にも鍵は大きすぎるか小さすぎて、扉を開けることができませんでした。アリスが二度目に広間を一周したとき、さっきまで気づかなかった背の低いカーテンを発見しました。カーテンのうしろには、40 センチぐらいの高さの小さな扉が隠れていました。小さな金色の鍵をその鍵穴に差し込んでみると、うれしいことに、ぴったりはまりました！

　문을 열어 보니 쥐구멍 정도의 작은 통로가 건너편으로 뻗어 있었습니다. 앨리스가 엎드려서 그곳을 들여다보니 통로 너머에 본 적도 없는 듯한 아름다운 정원이 보였습니다. 앨리스는 이 어두운 방을 벗어나 화사한 꽃들 사이를 거닐고 싶어서 견딜 수가 없었습니다. 하지만 그 문 안으로 머리를 통과시키는 것조차 불가능했습니다. 머리가 통과했다손 치더라도 몸까지 빠져 나가는 것은 무리였습니다. 앨리스는 문을 지나갈 수 있게 해달라고 열심히 빌어 보았습니다. 이 얼마나 범상치 않은 일들만 일어나는 곳입니까. 그러니까 무슨 일이든 일어날 수 있을 거라고, 앨리스는 생각하기 시작한 것입니다.

　작은 문 앞에서 기다려 본들 소용이 없을 것 같아서 앨리스는 테이블 쪽으로 되돌아갔습니다. 어쩌면 다른 열쇠가 있을지도 모르고, 통로에서 정원으로 빠져나가는 좋은 방법이 적힌 책이 테이블 위에 있을지도 모릅니다. 그러자 〈나를 마셔〉라고, 크고도 멋진 활자가 인쇄된 종이 메모가 붙은 병이 놓여 있었습니다.

　〈나를 마셔〉라는 말을 하건 말건 그것은 병의 자유지만, 앨리스는 진중한 아이였습니다. 먼저 그것을 잘 관찰하면서 마셔도 안전할지 확인한 후에 마실지 결정하지 않으면 안 됩니다. 그녀가 진중한 데에는 이유가 있습니다. 화상을 입은 아이들이나 야생동물에게 잡혀 먹힌 아이들, 그리고 좋지 않은 일을 당한 아이들에 관한 무서운 이야기를 몇 가지인가 읽었기 때문입니다. 그것은 모두 친구나 부모님이 가르쳐 준 간단한 약속을 잊어버려서 생긴 일이었습니다.

■통로 通路　■정원 庭園　■진중하다 慎重だ　■화상 火傷

　扉を開けてみると、ネズミの穴ぐらいの小さな通路が向こう側に伸びています。アリスはしゃがんで、のぞき込んで見ると、通路の向こうに、見たことがないようなきれいなお庭が見えました。アリスは、この暗い広間を抜け出して、色鮮やかなお花の中を散歩したくてたまらなくなりました。でも、ドアに頭を通すことさえできません。頭が通ったとしても、体は無理です。アリスは、ドアを通り抜けることができますようにと、一生懸命にお願いしました。だって、普通じゃないことがたくさん起きたから、なんだってありだと、アリスは思い始めたのです。

　小さな扉の前で待っていてもらちがあかないので、アリスはテーブルのところにもどりました。もしかしたら別の鍵が置いてあるかもしれないし、通路から庭に抜けるうまい方法が書いてある本がテーブルの上に置いてあるかもしれません。すると、『アタシヲノンデ』と、大きな綺麗な活字が印刷された紙のメモが結びつけられたビンが置いてありました。

　ビンが『アタシヲノンデ』って言うのは自由だけど、アリスは慎重な女の子です。まずはよく観察して、飲んでも安全かどうか確認して決めなくてはなりません。彼女が慎重なのにはわけがあります。やけどした子どもたちや、野生の動物に食べられた子どもたちや、うれしくない目にあった子どもたちのこわいお話をいくつか読んでいたからです。それはみんな、友だちや両親が教えてくれた簡単な決まりごとを覚えていなかったから起きたことでした。

하지만 이 병은 안전한 것 같았습니다. 〈위험〉이라는 표시도 달려 있지 않아서 앨리스는 시험해 보기로 했습니다. 그랬더니 매우 맛있었습니다(체리 파이와 닭고기 로스트, 그리고 막 구운 토스트와 버터를 섞은 듯한 맛이라서 단숨에 마셔 버렸습니다).

"이상하네!" 앨리스는 말했습니다. "내가 점점 작아지는 것 같아." 정말로 앨리스는 작아져서 키가 30센티미터도 채 되지 않게 되었습니다. 지금의 크기라면 저 작은 문을 빠져나가 멋진 정원으로 갈 수 있을 것 같다는 생각에 무척 기뻐졌습니다. 혹시 조금 더 작아질지도 모른다는 생각에 좀 더 기다려 보았습니다.

조금 있다가 더는 아무 일도 일어나지 않을 것 같아서 드디어 정원으로 나가 보기로 했습니다. 그런데 가엽게도 문 앞에 도착한 순간 금빛 열쇠를 두고 왔다는 사실이 생각났습니다. 그래서 열쇠를 가지러 되돌아갔더니 이번에는 테이블 위에 손이 닿지 않는다는 사실을 깨달았습니다. 유리 테이블 위에 있는 열쇠가 유리 너머로 잘 보였습니다. 테이블 다리를 타고 올라가려고 해봤지만 무리였습니다. 앨리스는 녹초가 되어 주저 앉아 울음을 터트리고 말았습니다.

엉엉 울다 보니 자기가 꼬맹이 어린 아이 같다는 생각이 들어 울음을 그쳤습니다. 그리고는 바로 테이블 밑에 작은 유리 상자가 있는 것을 알아챘습니다. 열어 보니 그 안에는 〈나를 먹어〉라고 쓰인 작은 케이크가 들어 있었습니다. "알았어. 먹을게"라고 앨리스는 말했습니다. "이걸로 내가 더 작아진다면 저 문 밑 틈을 통해서 밖으로 나갈 수 있어. 어쨌든 정원으로 나가기만 한다면 무슨 일이 일어난다 해도 상관없어!"

■단숨에 一息に　■손이 닿다 手が届く　■무리 無理　■틈 すき間

　でもこのビンは安全そうでした。『危険』という標示もついていなかったので、アリスはためしてみることにしました。そしたらとても美味しかったのです（サクランボのタルトと鶏のローストと焼き立てのバター付きトーストの混ざったような味がしたので、ひといきに飲みほしてしまいました）。

　「ヘンだわ！」とアリスは言いました。「わたし、どんどん縮んでいくみたい」本当にアリスは小さくなって、30センチたらずの背になっていました。今のサイズなら、あの小さな扉を抜けて素敵なお庭に出ることができると思い、とてもうれしくなりました。もしかしたらまだもっと小さくなるかもしれないと思って、少し待ってみました。

　しばらくすると、これ以上何も起こらないことがわかったので、いよいよお庭に出てみることにしました。でも、かわいそうなことに、扉の前に行ったとたん、金色の鍵を忘れてきたことをアリスは思い出したのです。それで鍵を取りにもどったら、テーブルの上に手が届かないことがわかったのです。ガラスのテーブルの上に鍵がのっているのがガラス越しによく見えました。テーブルの脚をよじ登ろうとがんばってみたのですが、無理でした。アリスはへとへとになって座りこみ、泣きだしてしまいました。

　ワンワン泣いていたのですが、小さな子どもみたいだと思って、泣きやむことにしました。すぐに、テーブルの下にあるガラスの小箱に気づきました。開けてみると、中には『アタシヲタベテ』と書かれた小さなケーキが入っていました。「わかった。食べるわね」とアリスは言いました。「それでわたしがもっと小さくなったら、あの扉の下をすべりこんで外に出られるわ。いずれにしてもお庭に出られるんだったら、何が起こってもかまわない！」

케이크를 살짝 깨물어 먹고 나서 스스로에게 물어보았습니다. "어느 쪽? 어느 쪽이야?" 앨리스는 자기 머리에 손을 대어 보고 키가 크고 있는지 작아지고 있는지를 확인해 보려고 했습니다. 놀랍게도 전혀 달라지지 않았습니다. 일반 케이크를 먹었다면 물론 그래도 괜찮겠지만 앨리스는 보통이 아닌 일이 일어날 것을 기대하고 있었기 때문에 아무런 변화도 일어나지 않은 것을 굉장히 시시하다고 느꼈습니다.

그래서 앨리스는 케이크를 더 먹어 보기로 했습니다. 눈 깜짝할 사이에 케이크가 사라졌습니다.

■시시하다 つまらない　■눈 깜짝할 사이에 あっという間に

　ケーキをちょっとだけかじってから、自分に問いかけました。「どっち？　どっちなの？」アリスは自分の頭に手を置いて、背が伸びているのか縮んでいるのかを確かめようとしました。驚いたことに、まったく変わっていませんでした。ふつうケーキを食べたときにはそういうものなのですが、アリスは、ふつうじゃないことが起こることを期待するようになっていたので、何の変化も起こらなったことはとてもつまらなく思えました。

　そこで、アリスはもっとケーキを食べることにして、あっという間にたいらげてしまいました。

제 2 장

눈물 연못

"요상하고도 요상해!" 너무 놀라서 제대로 된 영어로 말할 수 없었습니다. "어떡해, 나, 점점 커지고 있어. 앙증맞은 내 발이여, 안녕." 밑을 내려다보니 자기 발밖에는 보이지 않았습니다. 그것도 너무너무 멀리에. '불쌍한 내 발이여, 도대체 누가 너희에게 구두를 신겨 주겠어. 내 힘으로는 절대로 무리라고. 부디 스스로의 힘으로 어떻게든 해봐 — 그래도 내가 꼭 지켜봐 줄 테니까'라고 앨리스는 생각했습니다. '그러지 않으면 내가 가고 싶은 곳으로 걸어가게 해주지 않을지도 몰라. 그렇게 되면 매년 크리스마스마다 새 구두를 선물해 줄게.' 자기 발에게 크리스마스 선물을 준다니 기괴한 발상이라고 생각했습니다.

그때 앨리스의 머리가 방 천장에 부딪혔습니다. 무려 3미터 가깝게까지 키가 커져 버린 것입니다. 바로 테이블 위에 있는 금빛 작은 열쇠를 잡아채어 정원으로 이어진 문으로 서둘러 갔습니다.

■요상하다 変だ、あやしい　■앙증맞다 かわいらしい　■기괴하다 奇怪だ　■발상 発想、思いつき

第2章

涙 の 池

　「へんてこりんとへんてこりん！」あんまりびっくりしたので、まともな英語を話せなくなってしまいました。「まあ、わたし、どんどん大きくなるわ。あんよさん、さようなら」　下を見おろしたら、自分の足しか見えなかったのです。それもものすごく遠くに。「かわいそうなあんよさん、いったい誰があなたたちに靴をはかせてくれるのかしら。わたしにはぜったい無理よ。なんとか自分たちで工夫してね——でもわたしはちゃんと見守ってあげるからね」とアリスは思いました。「そうしなければ、わたしが行きたいところに歩いて行ってくれないかもしれないわ。さてと、毎年クリスマスには新しい靴をプレゼントしてあげましょう」　自分の足にクリスマスプレゼントをあげるなんて、ヘンテコな思いつきだと思いました。

　そのとき、アリスの頭は広間の天井にぶつかりました。なんと、3メートル近くにまで背が伸びていたのです。すぐにテーブルの上の小さな金色の鍵をつかんで、庭につながっている扉へと急ぎました。

가여운 앨리스! 지금 그녀가 할 수 있는 일이라고는, (옆으로 누워서) 한쪽 눈으로 정원을 엿보는 것 정도였습니다. 이 문을 빠져나가겠다는 바람은 모두 사라져 버렸기 때문에 앨리스는 주저앉아서 다시 울기 시작했습니다.

"울어선 안 돼!" 앨리스는 자기 자신에게 말했습니다. "나 같이 커다란 여자아이가 엉엉 울면 안 된다고. 지금 당장 울음을 그치라고. 이건 명령이야!" 그런데도 앨리스는 울음을 그칠 수 없었습니다. 앨리스 주위에는 큰 눈물 연못이 생겼습니다. 깊이 10센티미터 정도의 연못이 방의 절반 정도를 차지하고 말았습니다.

조금 있다가 멀리에서 발소리가 들려왔습니다. 앨리스는 곧장 눈물을 닦고 그쪽을 응시했습니다. 흰 토끼가 돌아온 것입니다. 한껏 멋을 부려 한쪽 손에는 흰 장갑을 다른 쪽 손에는 커다란 부채를 들고 있었습니다. 무척이나 허둥거리면서 이쪽으로 달려왔습니다. "아아, 공작 부인을! 공작 부인을! 기다리시게 하면, 오죽이나 화를 내실까"라고 투덜거렸습니다. 앨리스는 너무나 불안해져서 아무라도 괜찮으니 도움을 청해야겠다고 생각했습니다. 그래서 흰 토끼가 다가왔을 때, 앨리스는 작은 목소리로 말을 걸었습니다. "저기, 실례지만……" 토끼는 깜짝 놀라서 펄쩍 뛰어올라 흰 장갑과 부채를 떨어뜨리고 말았습니다. 그리고 빛의 속도로 어둠 속으로 달려가 버렸습니다.

■엿보다 のぞき見る　■응시하다 凝視する　■부채 扇子　■허둥거리다 慌てふためく　■펄쩍 ぴょんと

　かわいそうなアリス！　今彼女にできることといったら、（横向きに寝そべって）片目でお庭をのぞきこむことぐらいでした。この扉を抜ける望みは一切断たれてしまったので、アリスは座りこんで、また泣き出しました。

　「泣いちゃダメ！」アリスは自分に向かって言いました。「わたしみたいに大きな女の子がワーワー泣いちゃだめよ。今すぐに泣きやみなさい。これは命令よ！」それでもアリスは泣き続けました。アリスのまわりには大きな涙の池ができました。深さ 10 センチぐらいで、広間の半分ぐらい広がってしまいました。

　しばらくしたら、遠くから足音が聞こえてきました。アリスはすぐに涙をぬぐって目を凝らしました。白ウサギがもどってきたのです。見事にめかしこんで、片手に白手袋を、別の手には大きな扇子を持っています。おおあわてでこちらに走ってきます。「ああ、公爵夫人が！　公爵夫人が！　お待たせしてしまったら、さぞかしご立腹されるだろう」とぶつぶつ言っています。アリスはすごく不安になっていたので、誰でもいいから助けを求めようと思っていました。だから白ウサギが近づいたとき、アリスは小さな声で話しかけました。「あの、すみませんが……」ウサギはびっくりして飛び上がり、白手袋と扇子を落としてしまいました。そして脱兎のごとく、暗闇の中にかけ去っていきました。

앨리스는 장갑과 부채를 집어 들었습니다. 방이 너무 더워서 앨리스는 부채로 계속 부채질하며 혼잣말을 했습니다. "이거야 원, 오늘은 하나부터 열까지 이상한 일뿐이야! 어제는 모든 게 언제나와 같았는데. 어쩌면 내가 하룻밤 사이에 변해 버린 건 아닐까. 생각해 보자. 오늘 아침에 일어날 때는 평소랑 똑같았나? 약간 달랐던 것 같은 느낌이 들기 시작했어. 하지만 만약 내가 평소랑 달라졌다면 다음 질문은 '도대체 나는 누구지?' 이거야말로 큰 문제라고!"

앨리스는 동갑내기의 아는 아이들을 한 명 한 명 떠올리면서 자기가 그 중에 누군가로 변해 버린 것인지 어떤지 생각해 보았습니다.

"메이벨이 아닌 건 분명해. 왜냐하면 나는 엄청 해박하지만 메이벨은, 그 애로 말하자면 몰라도 너무 모르거든. 게다가 그 애는 그 애고 나는 나라고. 그렇다손 치더라도 모든 게 너무 이상하잖아! 내가 알고 있는 것을 전부 기억하고 있는지 확인해 보자. 그러니까, 4 곱하기 5는 12지. 4 곱하기 6은 13이고, 4 곱하기 7은…… 이거 큰일이야! 이대로면 어차피 20까지 가지도 못할 거야. 뭔가 다른 걸 해보자. 런던은 파리의 수도이고, 파리는 로마의 수도, 로마는…… 아니야, 아니야, 전부 틀렸어. 겨우 알겠어. 틀림없이 나는 말이야, 메이벨이 되어 버린 거야. 그리고 그 작고 오래된 집에 살면서 장난감도 없는 곳에서, 산더미 같이 공부해야 한다고! 아니야, 결정했어. 만일 내가 메이벨이 된다면 여기에서 영원히 살 거야. 모두가 구멍 속을 보고 '착한 아이니까 올라오너라!'라고 외친다 해도, 나는 위를 쳐다 보며 이렇게 말할 거야. '나는 누구지? 먼저 그걸 대답해 줘. 가르쳐 준 사람이 내가 좋아하는 사람이라면 올라갈게. 하지만 싫어하는 사람이라면 다른 사람으로 바꿔주기 전까지는 이대로 이 밑에 있을 거야.' — 그런데 큰일이야!"라고 말하고는 앨리스는 울기 시작했습니다. "모두, 머리를 잘 숙여서 들여다 봐 줬으면 좋겠어. 이런 데에서 혼자 있는 건 이제 지긋지긋해!"

■동갑내기 同い年の子　■해박하다 博学だ、物知りだ　■장난감 おもちゃ　■산더미 같다 山のようにある　■지긋지긋하다 うんざりする

　アリスは手袋と扇子を拾い上げました。広間はとても暑かったので、アリスはずっと扇子であおぎながらおしゃべりをしました。「まったく、今日は何から何まで不思議なことばかり！　昨日は何もかもいつも通り。もしかしてわたし、一晩で変わっちゃったのかしら。考えてみましょう。今朝起きたときのわたしは、いつも通りだった？　ちょっと違うような感じがしたように思えてきたわ。でももしわたしがいつもと変わっていたとしたら、次の質問は、『いったいぜんたい、わたしはだれ？』それって大問題だわ！」

　アリスは知っている同じ年齢の子どもたちのことを一人ひとり思い出して、自分がそのうちの誰かに変化してしまったのかどうか考えました。

　「メイベルじゃないことは確かよ。だってわたしはすごい物知りだけど、メイベルは、あの子ったら、ものを知らなさすぎるんですもの。それに、あの子はあの子で、わたしはわたし。それにしても、何もかも不思議すぎるわ！　わたしが知っていることを全部覚えているかどうかためしてみよう。ええっと、4×5は、12ね。4×6は13で、4×7は……まあ大変！　これじゃあとうてい20までたどりつかないわ。何かほかのことをやってみよう。ロンドンはパリの首都で、パリはローマの首都で、ローマは……ダメダメ、全部間違い。やっとわかったわ。きっとわたし、メイベルに変えられちゃったんだわ。そして、あの小さな古いおうちに住んで、おもちゃもないところで、たくさんのことをお勉強しなくてはならないんだわ！　いいえ、決めたわ。もしわたしがメイベルに変わってしまったとしたら、ここに永遠に留まるとするわ。みんなが穴の中をのぞき込んで、『いい子だから上がってきなさい！』と叫んでも、わたしは上を見上げてこう言うわ。『わたしは誰？　まずそれに答えて。教えてくれた人がわたしの好きな人だったら、上っていくわ。でもきらいな人だったら、別の人に変わるまでこのまま下にいるわ』──でも、困ったわ！」とアリスは言って、泣きだしました。「みんな、頭をちゃんと下げてのぞき込んでほしいわ。こんなところにひとりぼっちでいるのはもううんざり！」

그렇게 말하면서 앨리스는 자신의 두 손을 내려다 보고 깜짝 놀랐습니다. 이야기하는 사이에, 토끼의 작은 장갑이 한쪽에만 끼어져 있었던 것입니다. '도대체 어떻게 손에 낀 걸까?' 앨리스는 생각했습니다. '내가 말이야, 분명 다시 작아진 게 틀림없어.' 벌떡 일어나 테이블 옆으로 가서 키를 재 보았더니 키가 60센티미터 정도로 작아진 걸 알았습니다. 그런데 아직도 작아지고 있었습니다. 앨리스는 바로 그것이 손에 들고 있던 부채 때문이라는 사실을 깨달았고 당황해서는 부채를 놓아 버렸습니다. 조금 더 있었다면 흔적도 없이 사라질 뻔했습니다.

"큰일날 뻔했어!"라고 앨리스는 말했습니다. 갑작스런 변화는 굉장히 무서웠지만 아직 이렇게 살아 있다는 것은 대단히 행복한 일이었습니다. "그럼, 정원에 나가 볼까!" 앨리스는 급히 서둘러 작은 문으로 달려갔습니다. 문은 여전히 잠겨 있었고 금빛 열쇠는 아직도 유리 테이블 위에 놓인 채였습니다. '이거야 원, 아까보다 심하잖아'라고 앨리스는 생각했습니다. "그렇잖아, 이렇게 작아진 일은 태어나서 처음인 걸. 해도 너무 해!"

그렇게 말하면서 앨리스는 다리를 움직였고 다음 순간 소금물에 잠겨 버렸습니다. 아차 하는 순간에 무슨 영문인지 바다에 떨어져 버린 걸지도 모른다고 생각했습니다. "그러면 기차로 돌아갈 수 있어"라고 앨리스는 혼잣말을 했습니다(앨리스는 딱 한 번 해안가에 간 적이 있었습니다. 영국에서 바다를 보러 가려 한다면 거기가 어디든 반드시 기차역이 있다고 앨리스는 믿고 있었던 것입니다). 그러나 곧 깨달았습니다. 앨리스가 3미터 정도 키가 컸을 때 울어서 생긴 눈물 연못에 빠져 버리고 말았다는 것을.

■당황하다 慌てる　■(물에) 빠지다 (水に) 落ちる、おぼれる

　そう言いながら、アリスは自分の両手を見おろしてびっくりしました。話
している間に、ウサギの小さな手袋が片方だけはまっていたのです。「いった
いどうやってはめたのかしら？」アリスは考えました。「わたしって、きっと
また小さくなっているに違いないわ」　立ち上がってテーブルのそばに行って
背くらべしてみると、身長60センチぐらいに縮んでいることがわかりました。
まだまだ小さくなっていきます。アリスはすぐに、それは手にもった扇子のせ
いだということに気づき、あわてて扇子を手放しました。もうちょっとであと
かたもなく消えてしまうところでした。

　「あぶなかった！」とアリスは言いました。突然な変化はとてもこわかった
のですが、まだこうして生きていることは、とてもハッピーでした。「さあ、お
庭に行ってみようっと！」アリスは大急ぎで小さな扉に駆けもどりました。扉
はまたしても閉まっていて、金色の鍵はまだガラスのテーブルの上にのったま
まです。「これじゃあ前よりひどいわ」とアリスは思いました。「だってこんな
に小さくなったことは生まれて初めてだもの。ひどすぎるわ！」

　そう言いながら、アリスの足が動いて、次の瞬間、塩水につかっていまし
た。とっさに、どういうわけか海に落っこちたのかもしれないと思いました。
「だったら、列車でもどれるわ」と、アリスはひとりごとを言いました（アリ
スは一度だけ海岸に行ったことがありました。イギリスで海を見に行ったら、
どこでも絶対に列車の駅があるとアリスは思いこんでいたのです）。でもすぐ
に、気づきました。アリスが3メートル近くあったときに泣いてできた涙の池
にはまってしまったことに。

"그렇게 엉엉 울지 말 걸!" 출구를 찾아 헤엄치면서 말했습니다. 그때 무슨 소리인가 들려왔습니다. 소리가 나는 쪽으로 헤엄쳐서 확인해 볼 생각이었습니다. 처음에는 틀림없이 커다란 동물일 거라고 생각했습니다. 그런데 지금 자기가 정말로 작아졌다는 사실이 생각났습니다. 그리고는 바로 그것이 연못에 떨어진 쥐라는 사실을 알아챘습니다.

'쥐랑 얘기하는 게 의미가 있을까?' 앨리스는 생각했습니다. '여기에서는 하나부터 열까지 모두 평범하지 않으니까 쥐 역시도 이야기할 수 있을지 몰라. 어찌 됐던 말이나 걸어 보자.'

"우와, 쥐야, 너는 이 연못에서 탈출할 수 있는 방법을 알고 있니? 난 헤엄치다 지쳐 버렸어. 오– 쥐야!" (앨리스는 이것이 쥐와 정식으로 이야기하는 방법이라고 생각했습니다. 쥐한테 말을 건다는 것도 처음이었으니까요). 쥐는 앨리스를 쳐다보았습니다. 관심을 보였지만 한 마디도 하지 않았습니다.

'영어를 모를지도 몰라'라고 앨리스는 생각했습니다. '프랑스 쥐일지도 모르잖아.' 그럼, 다시 한 번. "어디입니까 나의 고양이?"라고 프랑스어로 말했습니다. 앨리스가 프랑스어 교과서에서 처음으로 외운 말이었습니다. 쥐는 당황해서 연못에서 뛰쳐나와 무서워서 벌벌 떨고 있는 꼴입니다. "이런 미안해요!" 앨리스는 외쳤습니다. 불쌍한 동물의 마음을 상하게 한 것은 아닌지 걱정스러워서, "당신이 고양이를 싫어한다는 것을 깜빡 잊고 있었어."

"고양이를 싫어한다고!" 쥐는 날카로운 목소리로 소리쳤습니다. "네가 나라면 고양이를 좋아하겠니?"

■평범하다 平凡だ　■지치다 疲れ果てる　■날카로운 목소리 金切り声

「あんなにワーワー泣くんじゃなかった！」出口を探して泳ぎまわりながら言いました。そのとき、何か聞こえました。音がする方に泳いでいって、確かめようと思いました。最初、きっと大きな動物に違いないと思いました。でも、今の自分がほんとうに小さくなっていることを思い出しました。そしてすぐに、池に落ちてしまったネズミだってことに気づきました。

「ネズミと話しても意味があるかしら？」アリスは考えました。「ここではなにもかも普通じゃないから、ネズミだって話せるかもしれないわ。とにかく話しかけてみよう」

「おお、ネズミよ、おまえ、この池から脱出する方法を知っている？　わたしもう泳ぎつかれてしまったの。おお、ネズミよ！」（アリスは、これがネズミとの正式な話し方だと思っていたのです。ネズミに語りかけるのは初めてでしたがね）。ネズミはアリスを見つめました。興味を示したのですが、ひとことも言いませんでした。

「英語がわからないのかもしれないわね」と、アリスは考えました。「フランスのネズミかもしれない」さあ、もう一度。「ドコ　デスカ　ワタシノネコ？」と、フランス語で言いました。アリスがフランス語の教科書で最初に覚えた言葉でした。ネズミはあわてて池から飛び出て、こわくてぶるぶると震えている様子です。「まあ、ごめんなさい！」アリスは叫びました。かわいそうな動物の気持ちを傷つけてしまったのではないかと案じて、「あなたはネコが嫌いだってこと、すっかり忘れていたわ」

「ネコが嫌いだって！」ネズミは甲高い声で叫びました。「きみがぼくだったら、ネコが好きになるかい？」

"음- 그러니까, 아마 그렇게 되지 않을 것 같아." 앨리스는 달래는 듯한 어투로 말했습니다. "하지만 화내지 말고 들어 줬으면 해. 다이나를 보여줄 수 있으면 좋으련만. 다이나를 보면 틀림없이 너도 고양이를 좋아하게 될 거야. 아주 얌전하고 착한 아이거든." 연못 안에서 축축 처지는 몸으로 헤엄치면서 앨리스는 말을 이어 갔습니다. "다이나는 말이지, 난로 옆에 단정히 앉아서 얼굴을 깨끗이 닦는다고. 아주 보송보송하고 귀여운 아이야 — 거기에다 쥐도 굉장히 잘 잡는다고 — 앗, 미안해!" 앨리스는 또 소리쳤습니다. 이번에는 쥐가 전신을 덜덜 떨었습니다. 앨리스는 틀림없이 쥐에게 큰 상처를 주고 말았을 거라고 생각했습니다. "우리, 다이나에 대해서 이야기하는 건 이제 그만두자. 그 편이 좋을 것 같아."

"우리라고? 어이가 없어서!" 덜덜 몸을 떨면서 쥐는 외쳤습니다. "그런 화제를 나도 같이 꺼낸 것처럼 말하다니! 우리 일족은 선조 대대로 고양이들을 증오해 왔어. '고양이'도, '다이나'라는 단어도 두 번 다시 입 밖으로 내뱉지 말아줘!"

"알았다고!" 앨리스는 말했습니다. 당황해서 화제를 돌릴 생각이었습니다. "저기, 개는 좋아해?" 쥐는 대답하지 않았습니다. 앨리스는 이번에도 기쁜 듯이 말을 이었습니다. "우리 집 옆에 아주 멋진 강아지가 있어. 보여주고 싶어!" 쥐는 쏜살같이 헤엄쳐서 앨리스로부터 멀어져 갔습니다.

■어투 口調、言葉遣い ■얌전하다 おとなしい ■보송보송하다 柔らかくてすべすべしている ■화제 話題 ■증오하다 憎む ■쏜살같이 矢のように、一目散に

　「えーっと、たぶんならないと思うわ」アリスはなだめるような口調で言いました。「でも怒らないで聞いてちょうだい。ダイナちゃんを見せてあげられたらいいのに。ダイナちゃんに会ったら、きっと、あなたもネコが好きになるわ。とってもおとなしくていい子なんだから」　池のなかをだらだらと泳ぎまわりながら、アリスは続けました。「ダイナちゃんはね、暖炉のそばにお行儀よく座って、顔をきれいにするのよ。とってもふかふかしていてかわいいこなの——それに、ネズミを捕まえるのがとっても上手なのよ——あっ、ごめんさい！」アリスはまた叫びました。今度は、ネズミは全身をぶるぶると震わせていました。アリスは、きっと、ネズミをひどく傷つけてしまったに違いないと思いました。「わたしたち、ダイナちゃんのことを話すのはもうやめましょう。その方がいいでしょう」

　「わたしたちだって、まったく！」ぶるぶる震えながらネズミは叫びました。「そんな話題をぼくまでが持ち出すみたいな言い方をして！　われら一族は、先祖代々、ネコどもを憎んできたんだ。"ネコ" も、"ダイナ" という言葉も、二度と口にしないでくれたまえ！」

　「わかったわ！」とアリスは言いました。あわてて話題を変えようと思いました。「あのー、犬は好き？」ネズミは答えませんでした。アリスはまたうれしそうに続けました。「わたしの家のそばに、とっても素敵な子犬がいるのよ。見せてあげたいわ！」ネズミは一目散に泳いでアリスから遠ざかって行きました。

앨리스는 또 다시 조용히 쥐를 불러 보았습니다. "저기 쥐 님! 부탁이니까 돌아 와 쥐. 우리, 고양이 얘기도 개에 대한 얘기도 하지 않기로 해. 양쪽 다 네가 싫어 한다면." 그 말을 듣자 쥐는 방향을 바꿔 천천히 헤엄쳐서 앨리스가 있는 곳으로 돌 아왔습니다. 얼굴빛은 새파랗게 질려 있었습니다. 그리고나서 쥐는 낮고 떨리는 목소리로 말했습니다. "물에서 나가자. 그러면 내 얘기를 들려 주지. 그러면 내가 개도 고양이도 좋아할 수 없는 이유를 알 수 있을 거야."

확실히 슬슬 나가야 할 시간이었습니다. 연못은, 물에 빠진 새나 동물들로 바글 거렸습니다. 오리와 도도새, 잉꼬, 독수리 새끼도 있었고, 그 밖에도 이상한 동물 들이 몇 마리인가 있었습니다. 앨리스를 선두로 해서 모두가 졸졸 그 뒤를 따라서 해안가를 향해 헤엄쳤습니다.

■새파랗게 질리다 真っ青になる　■슬슬 そろそろ　■바글거리다 ごった返す

　アリスはまた、静かに呼びかけました。「ねえネズミさん！　お願いだからもどってきてちょうだい。わたしたち、ネコの話も犬の話もするのはやめましょう。あなたがどちらも嫌いなら」　それを聞くと、ネズミは向きを変え、ゆっくりと泳いでアリスのところにもどってきました。顔色はすっかり青ざめていました。そしてネズミは低く震える声で言いました。「水からあがろう。そしたらぼくの身の上話を聞かせてあげるよ。そうすれば、ぼくが犬もネコも好きになれない理由がわかるよ」

　たしかに、そろそろ退散する時間でした。池は、水にはまった鳥や動物たちでごったがえしていたのです。あひるやドードー鳥や、インコやワシの子もいたし、他にも変わった動物たちが何匹かいました。アリスを先頭にして、みんなぞろぞろとアリスのあとに続き、岸に向かって泳いでいきました。

제 3 장

당대회 (엉터리) 경주와 긴 이야기

연못가에 모인 것은 언뜻 보아도 기묘한 이들이었습니다. 새와 동물들은 모두 물에 흠뻑 젖어서 기분이 안 좋아 보였습니다.

당장 해결해야 할 문제는, 어떻게 빨리, 몸을 말리느냐였습니다. 모두가 웅성거리며 의논을 했습니다. 몇 분 후, 처음부터 알고 지냈던 것처럼, 이들 무리에 들어가 이야기하는 것이 앨리스에게는 지극히 당연하게 여겨졌습니다. 앨리스는 긴 시간 잉꼬와 이야기했습니다. 조금 있자, 잉꼬는 자기가 앨리스보다 나이가 많으니까 앨리스보다 박식하다고 말했습니다. 앨리스는 잉꼬에게 몇 살이냐고 물었지만 잉꼬는 가르쳐 주지 않았습니다. 그것으로 더는 할 얘기가 없어져 버렸습니다.

마침내 쥐(모두에게서 존경을 받는 듯했습니다)가 소리쳤습니다. "여러분, 앉아서 내 이야기를 들어 줘! 그러면 당장에 너희 몸을 말려 줄 테니까!"

■기묘하다 奇妙だ ■의논 議論、相談 ■무리 群れ ■박식하다 博識だ

第3章

党大会(デタラメ)競走と長いお話

　岸辺に集まったのは、見るからにヘンテコな連中でした。鳥たちや動物たちはみんなびしょびしょに濡れて機嫌が悪そうでした。

　さしあたっての問題は、どうやって早く、からだを乾かすかでした。みんなでがやがや相談していました。数分後、生まれたときから知っていたかのように、みんなの仲間に入って話すことが、アリスにはごくあたりまえに思えてきました。アリスは長いことインコと話しました。しばらくすると、インコは、自分はアリスよりも年上だから、アリスよりも物知りだと言いました。アリスはインコの年を尋ねましたが、インコは教えてくれません。それで、もう話題がつきてしまいました。

　とうとうネズミ(みんなから一目おかれているようでした)が叫びました。「みんな座ってぼくの話を聞いてくれ！　そしたらすぐに君たちのからだを乾かしてあげよう！」

모두가 곧장 쥐를 중심으로 커다란 사각형을 그리듯이 둘러앉았습니다. 앨리스는 감기에 걸리는 게 싫었기 때문에 당장이라도 몸을 말리고 싶은 마음에, 뚫어질 듯이 쥐를 쳐다보았습니다.

"에헴!" 하고, 쥐는 거만하게 말했습니다. "제군들, 이제 얘기해도 되겠나? 정숙해 주게나!" 그리고는 모두가 흠뻑 젖었다는 사실은 잊어 버릴 정도로 긴 이야기를 하기 시작하는 것입니다.

얼마 정도 지난 후에 쥐는 앨리스에게 기분이 어떠냐고 물었습니다. "여전히 흠뻑 젖어 있잖아!"라고 앨리스는 대답했습니다. "네 이야기를 들어도 전혀 마르지 않는 것 같아." 그때 새 한 마리가 끼어들어서는 얘기는 그만하고 당대회 경주를 시작하자고 제안했습니다.

"당대회 경주라는 게 뭐야?"라고 앨리스는 물었습니다. 정말로 그게 알고 싶었던 것은 아니었지만 말입니다.

"뭐라고?"라고 반문하는 도도새. "가장 빠르고 편한 설명법은 직접 해보는 거겠지." (여러분도 어느 겨울 날, 당대회 경주를 해보고 싶을지도 모르니까 도도새가 어떻게 경주를 구성했는지 가르쳐 드리죠.)

가장 먼저, 경주용 사각 코스를 지면에 그렸습니다(무슨 모양이든 상관없습니다). 그리고 모두를 코스 여기저기에 위치시켰습니다. "준비, 출발!"이라는 구령도 없이, 저마다 좋을 대로 출발해서 마음 내키는 대로 그만두기 때문에 언제 누가 이겼는지를 아는 게 쉽지 않습니다.

■거만하다 傲慢だ ■구령 号令

みんなすぐさまネズミを真ん
中にして、大きな四角で囲んで
座りました。アリスは風邪をひ
くのはいやだったので、すぐさ
ま乾かしたいと思い、じっとネ
ズミを見つめ続けました。

「えへん！」と、ネズミはえら
そうに言いました。「諸君、よろ
しいかな？　静粛にしてくれた

まえ！」　そして、みんなずぶ濡れだってことを忘れるぐらい、長いお話を始
めたのでした。

　しばらくしてからネズミは、アリスに気分はどうか尋ねました。「あいかわ
らずびしょ濡れよ」とアリスは答えました。「あなたのお話を聞いても、ぜん
ぜん乾いてこないみたいよ」　そこで一羽の鳥が口をはさみ、もう話をやめて、
党大会競走を始めようと提案しました。

　「党大会競走って何？」と、アリスは聞きました。別に本気で知りたかった
わけではなかったんですが。

　「なあに」とドードー鳥。「一番てっとり早い説明方法は、やってみることだ
な」（みなさんも冬の日に、党大会レースをやってみたいかもしれないでしょう
から、ドードー鳥がどうやってレースをアレンジしたか教えてあげましょう）。

　まず最初に、レース用の四角いコースを地面に描きました（どんな形をして
いても大丈夫です）。そしてみんなをコースのあちこちの位置につかせました。
「よーい、どん！」もなく、みんな好きなときに走り出し、好きなときにやめ
たので、いつ誰が勝ったのか知るのは難しかったのです。

그러나 30분 정도 쉼 없이 달려서 모두 젖은 몸이 말랐을 무렵 도도새가 갑자기 소리쳤습니다. "경주 그만-!" 모두 도도새 주변으로 모여들어 물었습니다. "그래서 누가 이겼지?"

도도새는 이 질문에 오랜 시간 생각하지 않으면 대답을 할 수 없었습니다. 손가락 하나를 머리에 갖다 대고서 몇 분을 생각했습니다. 그 사이에도 모두는 조용히 기다렸습니다. 드디어 도도새가 대답했습니다. "모두가 이겼습니다. 그러니까 모두 상품을 받아야 합니다."

"하지만 도대체 누가 상품을 주지?" 모두가 물었습니다.

"그거야 저 아이지, 물론"이라고 도도새는 한 손가락으로 앨리스를 가리키며 말했습니다. 그러자 모두 "상품! 상품!" 하고 떠들어대면서 앨리스 주변으로 모여들었습니다.

앨리스는 어찌할 바를 몰랐습니다. 한 가지 생각난 것은 주머니에 손을 넣어 과자 상자를 꺼내는 것이었습니다(다행히 연못 소금물은 과자 상자 안으로 스며들지 않아서 과자는 젖지 않았습니다). 앨리스는 과자를 모두에게 상품으로 나눠 줄 생각이었습니다. 다행스럽게도 모두에게 한 개씩 나눠 줄 만큼의 과자가 상자에 들어 있었습니다.

"하지만 당연히 이 아이도 상품을 받아야 하지 않겠어"라고 쥐가 말했습니다.

"당연하지." 도도새가 대답했습니다. "주머니 안에 다른 건 뭐가 들어 있지?" 앨리스를 돌아보며 물었습니다.

"이것뿐이야." 슬픈 듯이 앨리스는 대답했습니다.

"이리로 줘." 도도새가 말했습니다.

■상품 賞品　■어찌할 바를 모르다 途方に暮れる　■스며들다 染み込む

　でも、30分ぐらい走り続けてみんなすっかり乾いたころ、ドードー鳥が突然叫びました。「競走やめーっ！」　みんなドードー鳥のまわりに集まってきて、聞きました。「それで、だれが勝ったの？」

　この質問には、ドードー鳥はながいこと考えないと答えられませんでした。一本の指を頭に置いて数分考えました。その間、みんな静かに待っていました。とうとう、ドードー鳥は答えました。「みんなが勝ったのです。だからみんな賞品をもらわなくてはいけない」

　「でも、いったいだれが賞品をくれるの？」みんなが尋ねました。

　「そりゃ、あの子ですとも、もちろん」と、ドードー鳥は一本指でアリスを差して言いました。そこでみんな、「賞品！　賞品！」とわめきながら、アリスのまわりに群がってきました。

　アリスはどうしていいのかわかりませんでした。ひとつだけ思いついたことは、ポケットに手を入れてお菓子の箱を取り出すことでした（幸い、池の塩水はお菓子の箱の中にしみ込んでいなかったので、お菓子は乾燥していました）。アリスは、お菓子をみんなに賞品として配ろうと思いました。ラッキーなことに、一人一個ずつ配れるだけのお菓子が箱には入っていました。

　「でも、当然、この子も賞品をもらわなくはいけない」と、ネズミが言いました。

　「もちろん」と、ドードー鳥が答えました。「ポケットの中には他に何が入っているのかい？」と、アリスをふり向いて聞きました。

　「これだけよ」と、悲しそうにアリスは答えました。

　「こっちによこしなさい」と、ドードー鳥。

그랬더니 모두가 또 다시 앨리스를 에워쌌습니다. 도도새가 말했습니다. "이 우아한 상품을 챙기도록 하세요."

짧은 연설이 끝나자, 모두 환성을 질렀습니다. 앨리스에게는 하나부터 열까지 모든 것이 엉터리 같았습니다. 왜냐하면 도도새에게 받은 상품은 원래 앨리스의 것이었으니까요. 하지만 모두에게는 매우 중요한 의식인 것 같아 앨리스는 애써 웃음을 참았습니다. 무슨 말을 해야 할지 아무 것도 떠오르지 않아서 고개를 숙여 모두에게 감사를 전했습니다.

다음으로 해야 할 일은 과자를 먹는 것이었습니다. 커다란 새들은 과자가 아무 맛도 나지 않는다고 불평을 터뜨렸고, 작은 새들은 삼킬 때 곤혹을 치르는 둥 소란을 피웠으며, 문제가 발생하기도 했습니다. 겨우 모두가 무사히 다 먹고 나자 다시 자리에 앉아서 쥐에게 다른 이야기를 해달라고 졸라댔습니다.

"당신이 살아온 얘기를 해준다고 했잖아요." 앨리스가 말하며, "그 얘길 들으면 왜 당신이 고—나 강— 같은 걸 싫어하는지 알 수 있을 거라고"라고 살짝 덧붙였습니다. "내 이야기는 아주 길고 슬픈데." 쥐는 앨리스를 향해 말했습니다.

쥐는 자기 얘기를 하기 시작했습니다. 그러나 아무도 듣지 않는다고 생각했는지 곧 하던 이야기를 멈추고 떠나 버리고 말았습니다.

"부탁이니까 돌아와서 이야기를 계속해 줘!" 앨리스는 소리쳤습니다. 다른 이들도 함께, "부탁해요!"라고 말했습니다. 그러나 쥐는 고개를 저으며 발걸음을 재촉해 가버렸습니다.

"다이나가 여기에 있어 줬으면 좋았을 텐데." 앨리스는 말했습니다. "다이나라면 금방이라도 쥐를 데려와 줄 텐데 말이야!"

"다이나라니, 도대체 누군데?" 잉꼬가 물었습니다.

■에워싸다 取り囲む　■환성을 지르다 歓声をあげる　■엉터리 でたらめ　■불평 不平、文句
■발걸음을 재촉하다 足を速める

　するとみんな、もう一度アリスを取り囲みました。ドードー鳥は言いました。「この優雅な賞品をお納めください」

　短いスピーチを終えると、みんな歓声をあげました。アリスには、なにからなにまで、すべてがデタラメに思えました。だって、ドードー鳥から授けられた賞品は、もともとアリスのものだったからです。でもみんなにとってはとても重要な儀式に思えたので、アリスは笑いをこらえました。何も言うことが思いつかなかったので、お辞儀をして、みんなに感謝しました。

　次にやるべきことは、お菓子を食べることでした。大きな鳥たちはお菓子に味がないと文句を言い、小さな鳥たちは、飲み込むのに苦労したり、さわぎと問題が起こりました。ようやくみんな無事に食べ終えると、もう一度座って、ネズミに別のお話をしてくれとせがみました。

　「あなたの生い立ちを話してくれるって言ったでしょう」と、アリスは言い、「それを聞いたら、なぜあなたがネーとか、イーとかが嫌いなのかわかるって」と、そっとつけたしました。「ぼくの物語はとても長くて悲しいんだ」とネズミはアリスに向かって言いました。

　ネズミは身の上話を始めました。でも、だれも聞いていないと思い、すぐに話をやめて立ち去ってしまいました。

　「お願いだからもどってきて、お話を続けてちょうだい！」と、アリスは叫びました。ほかのみんなも一緒に、「お願いします！」　でも、ネズミは頭を横に振って、足を速めて行ってしまいました。

　「ダイナちゃんがここにいてくれたらなあ」と、アリスは言いました。「ダイナなら、すぐにネズミを連れもどしてくれるのに！」

　「ダイナっていったいだれ？」と、インコが尋ねました。

앨리스는 기쁜 듯 대답했습니다. 언제든 자기 고양이에 대해서 이야기하는 것을 매우 좋아했기 때문입니다. "다이나는 말이지, 우리 집 고양이야. 쥐를 매우 잘 잡거든. 그러니까 새들을 쫓는 모습도 보여 주고 싶어. 새를 보자마자 단숨에 삼켜 버리거든!"

앨리스의 발언은 커다란 동요를 불러일으켰습니다. 새들은 빨리 집에 가서 아이들을 재워야겠다고 변명을 늘어놓으며 허둥지둥 자리를 뜨고 말았습니다. 이윽고 앨리스는 또 다시 혼자 남게 되었습니다.

"다이나에 대해서 이야기하지 말 걸 그랬어!" 혼잣말을 되뇌었습니다. "여기에는 다이나를 좋아하는 사람이 아무도 없는 것 같아. 분명 세계 제일의 고양이인데! 아아, 나의 어여쁜 다이나! 언젠가 다시 너를 만날 수 있을까!" 그렇게 말하고 나서, 가엾게도, 앨리스는 다시 울음을 터뜨리고 말았습니다. 너무나 외로워서 맥이 풀리고 말았던 것입니다. 그때 바로 멀리서 발걸음 소리가 들려왔습니다. 앨리스는 발딱 고개를 들었습니다. 어쩌면 쥐가 돌아와서 자기 이야기를 계속 들려주려는 걸지도 모른다는 기대를 했던 것입니다.

■동요 動揺　■허둥지둥 あたふたと　■되뇌다 繰り返す　■맥이 풀리다 力が抜ける

アリスはうれしそうに答えました。いつも自分の猫のことを話すのは大好きだったからです。「ダイナちゃんはね、わたしのうちのネコなの。ネズミを捕まえるのがすごく上手なのよ。それに鳥たちを追いかけるところを見せてあげたいわ。鳥を見つけたとたん、ひと飲みにするのよ！」

アリスの発言は大きな動揺を生みました。鳥たちは、早く家に帰って子どもたちを寝かせつけなきゃとか言いわけをして、あたふたと立ち去っていきます。やがてアリスは、また一人ぼっちになってしまいました。

「ダイナちゃんのことを話さなければよかった！」と、つぶやきました。「ここではだれもダイナちゃんのことを好きな人はいないみたい。ぜったいに、世界一のネコなのに！　ああ、わたしの可愛いダイナ！　いつかまた、あなたと会えるのかしら！」　そう言うと、かわいそうに、アリスはまた泣き出してしまいました。とっても心細くなって、がっくりきてしまったのです。すぐに、遠くから足音が聞こえてきました。アリスははっと顔を上げました。もしかしたら、ネズミがもどってきて、身の上話の続きをしてくれるかもしれないと期待したのでした。

04

제 4 장

토끼의 심부름, 작은 빌

    돌아온 것은 또 그 흰 토끼였습니다. 아무래도 무엇인가를 찾는 것 같은 모습으로 천천히 걸어오고 있었습니다. 앨리스의 귀에 들려온 것은 "공작 부인이! 공작 부인이! 이대로 있다간 처형당하고 말 거야! 대관절 어디에 떨어뜨린 걸까!" 앨리스는 금방 알아챘습니다. 토끼가 찾고 있는 것은 부채와 흰 장갑이라는 것을. 그래서 앨리스는 친절하게 주변을 둘러보면서 찾아 보았습니다. 그런데 어디에도 보이지 않았습니다. 눈물의 연못을 헤엄쳐 온 다음에 모든 게 달라져 버린 듯했습니다. 큰 방도, 유리 테이블도, 작은 문도, 전—부 완전히 사라지고 말았습니다.

    토끼도 바로 앨리스가 있다는 것을 알아차리고 성난 어조로 꾸짖었습니다. "메리 앤, 너는 여기에서 뭘 하고 있는 거지? 지금 당장 집으로 돌아가 장갑과 부채를 가져오지 못할까. 자, 어서!" 겁에 질린 앨리스는 토끼가 가리키는 방향을 향해서 쏜살같이 달렸습니다. 자기가 메리 앤이 아니라는 사실을 설명할 여유조차 없었던 것입니다.

■처형당하다 処刑される　■대관절 いったいぜんたい

46

第4章

ウサギのお使い、小さなビル

　もどってきたのは、またあの白ウサギでした。どうやら何か探し物をしている様子で、ゆっくりと歩いてきます。アリスの耳に入ってきたのは、「公爵夫人が！　公爵夫人が！　このままじゃ、処刑されてしまう！　いったいぜんたい、どこに落としてしまったんだろう！」　アリスにはすぐにわかりました。ウサギが探しているのは、扇子と白手袋だってことが。それで、アリスは、親切にまわりを見わたして探してあげました。でも、どこにも見当たりません。涙の池を泳いだあとは、なにもかも変化してしまったようです。大広間も、ガラスのテーブルも、小さな扉も、ぜーんぶ、完全に消えてしまっていました。

　すぐにウサギはアリスに気づき、怒った口調でどなりつけました。「メアリー・アン、お前はここで何してるんだ？　今すぐ家にもどって、手袋と扇子を取ってきなさい！　さあ早く！」　怖気づいたアリスは、ウサギが指さした方向に向かって、一目散に駆けだしました。自分がメアリー・アンではないことを説明する余裕もなかったのです。

"토끼는 나를 자기가 부리는 메리 앤이라고 착각하고 있어." 투덜거리면서 달렸습니다. "내가 정말 누군지 알면 놀라 자빠질 텐데! 하지만 만일 부채와 장갑을 찾는다면 토끼에게 줘야겠어 — 어디에 있는지 안다면 말이지만." 그렇게 말하면서 앨리스는 〈흰·토끼〉라는 이름이 문에 적힌 작은 집에 도착했습니다. 안에 들어가서 급히 층계를 올랐습니다. 엉겁결에 진짜 메리 앤과 맞닥뜨려서, 부채와 장갑을 찾기도 전에 내쫓기기라도 하면 어쩌지 싶어 내심 바들바들 떨고 있었습니다.

"내가, 굉장히 이상한 짓을 하고 있는 것처럼 보일 거야." 앨리스는 혼잣말을 했습니다. "토끼 심부름이나 하며 종종거리고 있다니! 이대로 가다간 다음에는 분명히 다이나 차례일 거야. 나한테 이것저것 지시할 게 틀림없어!" 다음으로, 이제부터 일어날지도 모를 온갖 일들을 상상해 보았습니다. 앨리스의 유모는 틀림없이 이렇게 말하겠죠. "앨리스 아가씨! 산책할 시간이니까 지금 당장 오세요"라고. 그러면 앨리스는 대답하겠죠. "금방 갈게. 하지만 다이나가 돌아올 때까지, 이 쥐구멍을 감시해야 해. 쥐가 도망가지 못하게 잘 지키고 있으라고 다이나가 일렀으니까." 그런데 잠깐, 앨리스는 금방 깨달았습니다. 인간에게 명령을 내리는 다이나를, 분명 집에서 키우게 놔두지 않을 것이라는 사실을.

이런저런 생각을 하는 사이에 앨리스는 창가에 테이블이 놓인, 작지만 멋진 방에 들어가 있었습니다. 그리고 테이블 위에는 기대했던 대로 부채와 흰 장갑 두세 짝이 놓여 있었던 것입니다. 부채와 장갑 한 짝을 집어 들고 방에서 나가려고 할 때, 작은 병이 앨리스의 눈에 들어왔습니다. 마지막으로 본 병에는 〈나를 마셔〉라고 쓰인 메모가 달려 있었지만, 이 병에는 아무것도 달려 있지 않았습니다. 그러나 분명 또 다시 무슨 재미있는 일이 일어날 게 틀림없을 거라고 기대하면서 병의 내

■착각하다 勘違いする　■자빠지다 倒れる　■엉겁결에 うっかり　■심부름 おつかい　■유모 乳母　■이르다 言いつける、命令する

「ウサギはわたしのことを召使のメアリー・アンと間違えちゃったんだわ」
と、ぶつぶつ言いながら走りました。「わたしがほんとうは誰だかわかったら、
さぞかし驚くでしょうね！　でも、もし扇子と手袋が見つかったら、ウサギに
わたしてあげましょう——どこにあるのかわかればの話だけどね」　そう言い
ながら、アリスは、『白・ウサギ』と扉に名前が書かれた小さな家にたどり着
きました。中に入って、急いで階段をかけ上がりました。うっかり本物のメア
リー・アンに出くわして、扇子と手袋を見つける前に、出て行くように言われ
てしまったらどうしようと、内心、すごくびくびくしていました。

「わたし、すごくおかしなことをしているみたいに思われるわ」と、アリス
はひとりごとを言いました。「ウサギの使い走りをしているなんて！　この調
子じゃ、今度はきっとダイナの番で、わたしにあれこれ指図してくるに違いな
いわ！」　次に、これから起こりうるさまざまなことを想像してみました。ア
リスの婆やはきっとこう言うでしょう。「アリスお嬢さま！　散歩のお時間で
すから、今すぐいらしてくださいな」　するとアリスは答えるでしょう。「すぐ
に行くわ。でもダイナがもどってくるまで、このネズミ穴を見張っていなくて
はならないの。ダイナから、ネズミが逃げないようにちゃんと見張っているよ
うに言われているから」　でも待って、アリスはすぐに気づきました。人間に
命令するようになったダイナは、きっと家には置いてもらえなくなるだろうっ
てことに。

そうこうしているうちに、アリスは窓辺にテーブルが置かれた素敵な小さ
なお部屋に入りこんでいました。そしてテーブルの上には、期待どおり、扇
子と、2、3組の白手袋が置かれていたのです。扇子と一組の手袋を取って部
屋を出ようとしたとき、小さなビンがアリスの目に飛び込んできました。最後
に見たビンには、『アタシヲノンデ』と書かれたメモが結びつけられていまし
たが、このビンには何もついていません。でも、きっとまた、何かおもしろい

용물을 마셔 보기로 했습니다. 왜냐하면 앨리스가 마시거나 먹거나 하면, 재미있
는 일들이 연달아 많이 일어났기 때문이죠. 그래서 이것을 마신다면 다음에 무슨
일이 일어날지 시험해 보고 싶었습니다.

"또 커지면 좋을 텐데. 그렇잖아, 이렇게 작은 여자애인 채로 있다니, 이제 지긋
지긋하다고!"

그러자, 정말로 앨리스가 바라던 대로 되었습니다. 그것도 생각보다 훨씬 빠르
게. 병의 내용물을 절반도 마시기 전에 앨리스의 머리는 방 천장에 닿아서 목이 부
러지지 않도록 머리를 움츠렸습니다. 곧바로 앨리스는 병을 내려 놓고는 중얼거렸
습니다. "이제 이걸로 충분해. 이것보다 키가 커진다면 방에서 나가지 못하게 될
거야. 이렇게 많이 마시지 말 걸 그랬어."

하지만 유감스럽게도 이미 때는 늦어 버렸습니다. 앨리스의 키는 점점 더 커지
기만 했습니다. 앨리스는 바닥에 납죽 엎드려 한쪽 팔을 문에 딱 붙이고 다른 한쪽
팔을 창 밖으로 뻗고, 한쪽 발은 굴뚝 속으로 집어넣어야 했습니다. 그리고는 중얼
거렸습니다. "이대로는 몸을 움직일 수가 없어. 나는 이대로 어떻게 되는 걸까?"

다행스럽게도 앨리스의 성장은 거기에서 멈췄습니다. 그렇다고는 해도 일어설
수도 없었기 때문에 정말 큰일이었습니다. 이제 이 방에서 나갈 수 있을 것 같지 않
아서 앨리스는 완전히 절망하고 말았습니다.

■연달아 立て続けに　■움츠리다 引っ込める　■중얼거리다 つぶやく　■납죽 ぺたっと
■절망하다 絶望する

ことが起こるに違いないと期待して、ビンの中身を飲むことにしました。だって、アリスが飲んだり食べたりしたら、たくさんのおもしろいことが次々と起こったんですもの。だから、これを飲んだら、次に何が起こるのか試してみたかったのです。

　「また大きくなればいいのになあ。だって、こんなに小さな女の子のままでいるなんて、もううんざり！」

　すると、ほんとうにアリスの願い通りになりました。それも、思ったよりもずっと早く。ビンの半分を飲み干す前に、アリスの頭はお部屋の天井につっかえてしまい、首が折れないように、頭をひっこめました。すぐにアリスはビンを下に置いてつぶやきました。「もうこれで十分。これ以上背が伸びたら部屋から出られなくなってしまうわ。こんなにたくさん飲まなければよかった」

　でも残念ながら、もう手遅れでした。アリスの背はぐんぐんと伸び続けました。アリスは、床にはいつくばって、片腕をドアにくっつけ、もう片方の腕を窓から出し、片足は煙突の中に突っこまなくてはなりませんでした。そしてつぶやきました。「これじゃあ身動きできないわ。わたしこのまま、どうなるのかしら？」

　幸い、アリスの成長はそこで止まりました。とはいえ、起き上がることもできなくて、ほんとに大変でした。もうこの部屋から出られる見込みもなさそうだったので、アリスはすっかり落ち込んでしまいました。

'이럴 바에는 집에 있을 걸 그랬어.' 가엽게도 앨리스는 그런 생각을 했습니다. '그렇잖아. 집에 있을 때는 이렇게 시도 때도 없이 커졌다가 작아졌다가 하지도 않았고, 쥐나 토끼한테 이것저것 지시를 받을 일도 없었잖아. 토끼 구멍으로 뛰어들지 않는 게 좋았을지도 몰라. ― 그렇기는 하지만, 지금 상황도 꽤 재미있는 것 같아. 도대체 나한테 무슨 일이 일어난 것일까? 내 이야기를 누군가 책으로 써야 하지 않겠어. 내가 어른이 되면 반드시 책에 쓸 거야!' 그러고 나자 앨리스는 불안해졌습니다. 이제 나이도 먹지 않을 거고, 이 이상 아무것도 기억하지 못할 거고, 할머니가 될 일도 없겠지. 왜냐하면, 이 집에서 평생 나가지 못할 테니까 말이지. 슬픈 생각에 잠겨 몇 분인가 지났을 무렵, 집 밖에서 목소리가 들려왔습니다. 걱정은 집어치우고 앨리스는 그 목소리에 귀를 기울였습니다.

"메리 앤! 메리 앤!"이라고 소리치고 있었습니다. "지금 당장 내 부채와 장갑을 가져 오너라!" 이어서 계단을 오르는 발소리가 들려왔습니다. 흰 토끼가 그녀를 찾으러 왔다는 사실을 깨닫고 앨리스는 몸을 부르르 떨었습니다. 집이 흔들흔들 요동을 쳤습니다.

불안한 마음에, 지금은 토끼의 1000배나 커졌다는 사실을 앨리스는 새까맣게 잊어버리고 말았습니다. 그래서 이제 무서울 게 아무것도 없다는 것도.

토끼는 2층 문을 열려고 해보았지만 문은 안쪽에서 열 수 있는 데다가 앨리스가 팔을 뻗치고 있어서 열리지 않았습니다. 밖으로 나가 돌아서 창문으로 들어오려고 하는 토끼의 말소리가 들려왔습니다.

■상황 状況　■귀를 기울이다 耳を傾ける　■부르르 떨다 ぶるぶる震わせる　■요동을 치다 揺れ動く　■새까맣게 잊다 すっかり忘れる

「こんなことならおうちにいればよかったわ」 かわいそうなアリスは思い
ました。「だって、おうちにいたときには、こんなにしょっちゅう、大きくな
ったり小さくなったりしなかったし、ネズミやウサギにあれこれ指図される
こともなかったわ。ウサギの穴に飛びこまなかったらよかったのかもしれない。
——とはいっても、今の状態はけっこうおもしろいわね。いったいわたしに何
が起こったのかしら。わたしのお話を誰か本に書くべきよ。わたしが大きくな
ったら、ぜったいに本に書くわ！」 そして、アリスは不安になりました。も
う年もとらないし、これ以上何も覚えることもできないし、おばあさんになる
こともない。だって、この家から一生出られないんですもの。悲しいことに思
いをめぐらせて数分たったころ、家の外で声が聞こえました。心配するのはや
めて、アリスはその声に耳を傾けました。

「メアリー・アン！　メアリー・アン！」と叫んでいます。「今すぐ、わた
しの扇子と手袋を持ってきなさい！」 そして、階段を上る足音が聞こえまし
た。白ウサギが彼女を探しにきたことがわかったので、アリスは体を震わせま
した。家はぐらぐらと揺れました。

不安だったので、今ではウサギの 1000 倍も大きくなったことを、アリスは
すっかり忘れてしまっていました。だから、もうなにもこわくないことも。

ウサギは 2 階のドアを開けようとしましたが、ドアは内開きで、アリスの腕
に押しつけられていたので、開きません。外にまわって窓から入るとウサギが
言っているのが聞こえました。

"이 창으로는 들어올 수 없어." 앨리스는 마음을 정한 듯, 기다릴 태세였습니다. 그래서 토끼가 창 바로 밑에 와 있는 듯한 소리가 들렸을 때, 바로 창을 통해 팔을 쭉 뻗어서 휘휘 돌려 보았습니다. 아무 것도 손에 닿지 않았지만, 작은 비명과 무엇인가 떨어지는 소리에 이어서 유리 깨지는 소리가 들려왔습니다. 토끼가 유리로 된 무엇인가의 안으로 떨어졌을지도 모른다고 앨리스는 생각했습니다.

이어서 호통 소리가 들려왔습니다. 토끼의 목소리였습니다. "어이 팻, 팻! 어디에 있지?" 그랬더니 처음 듣는 목소리가 들려왔습니다. "여기예요! 사과를 찾고 있어요. 주인님!"

"뭐라고, 사과를 찾고 있다고?" 머리 끝까지 화난 토끼가 말했습니다. "지금 당장 이리 와서 나를 여기에서 꺼내줘!" 또 다시 유리 깨지는 소리가 들려왔습니다.

"저기, 팻. 창문 안으로 보이는 저게 도대체 뭐지?"

"팔입니다요."

"팔이라고? 저렇게 거대한 팔을 본 적이 있던가? 창문을 꽉 채울 만큼 크지 않은가!"

"말씀대로입니다. 하지만 분명 팔이 맞습니다."

"그럼, 어째서 저기에 팔이 있다는 거냐? 당장 가서 치우고 오너라!"

■태세 態勢、構え   ■호통 소리 怒鳴り声

「この窓からは入れないわよ」と、アリスは決めて、待ちかまえました。だから、ウサギが窓のすぐ下に来たような音が聞こえたとき、すぐに窓から腕をぐーんと伸ばして、ぐるぐるとまわしてみました。何も手に触れませんでしたが、小さな悲鳴と、何かが落ちる音に続いて、ガラスが割れる音が聞こえました。ウサギが何かガラスでできたものの中に落ちたのかもしれないと、アリスは思いました。

　次に、どなり声が聞こえました。ウサギの声です。「おいパット、パット！　どこにいる？」　すると、初めて聞く声が聞こえてきました。「ここです！　リンゴを探しております。だんなさま！」

　「なに、リンゴを探しているだと！」と、カンカンに怒ったウサギは言いました。「すぐにここにきて、わたしをここから出してくれ！」　またまたガラスが割れる音が聞こえてきました。

　「なあ、パット。窓の中に見えるあれはいったい何だ？」

　「腕でございます」

　「腕だと！　あんなに巨大な腕を見たことがあるか！　窓いっぱいのデカさではないか！」

　「そのとおりでございます。しかし、たしかに腕に違いありません」

　「では、なぜあそこに腕があるのだ？　すぐに行って取っぱらってこい！」

그 뒤로 긴 침묵이 이어졌습니다. 띄엄띄엄 들려오는 건 "참아 주세요!"라든지, "명령대로 해!"라든지 하는 말이었습니다. 앨리스는 결국 다시 한 번 손을 뻗어 휘휘 돌려 보았습니다(앞에서 했던 것처럼). 이번에는 작은 비명이 두 사람 분 들려왔고 거기다 유리 깨지는 소리가 울려 퍼졌습니다.

그럼 다음으로 토끼랑은 뭘 하려나 싶어 앨리스는 생각했습니다. 아무도 앨리스를 이 집에서 꺼내 주지 않았기 때문에 너무나 슬퍼졌습니다. 더 이상 이런 상태로 있는 것은 한계였기 때문입니다.

더는 아무 소리도 들리지 않았지만, 앨리스는 잠시 동안 기다려 보기로 했습니다. 이윽고 갖가지 소리가 겹쳐서 들려오기 시작했습니다. "다른 사다리 하나를 어디에 둔 거지?" "빌이 가지고 있습니다." "여기로 둘 다 가져 와." "안 되겠어. 먼저 사다리 두 개를 연결해서 묶어 놔. 그렇게 하지 않으면 위까지 닿지 않을 거야." "지붕을 조심해." "그럼, 다음에는 누구에게 굴뚝을 내려가게 해야 하나, 그렇지, 빌, 토끼 주인님이 너한테 굴뚝으로 들어가라고 하셨어!"

"어머, 저런, 그럼 빌에게 굴뚝을 내려가라고 시킨 걸까?" 앨리스는 중얼거렸습니다. "그런데 왜 빌이 모든 걸 다 하지 않으면 안 된다는 거야! 나라면 절대로 빌이 되고 싶지 않아. 이 굴뚝은 너무 작잖아." 앨리스는 굴뚝에서 다리를 살짝 끌어당긴 채로 기다렸습니다. 그랬더니 작은 동물(어떤 동물인지 짐작할 수 없었습니다)이 굴뚝 위쪽에서 부스럭부스럭 뭔가 하는 소리가 들려왔습니다. "분명 빌일 거야." 앨리스는 중얼거렸습니다. 그리고 힘껏 발을 차고는 다음에 무슨 일이 일어날지 기다렸습니다.

■침묵 沈黙　■띄엄띄엄 とぎれとぎれに　■비명 悲鳴　■부스럭부스럭 がさごそ

　そのあと、長い沈黙が続きました。とぎれとぎれ聞こえてきたのは、「かんべんしてくださいよ！」や、「命令通りにしろ！」という言葉でした。アリスはとうとう、もういっぺん手を伸ばしてぐるぐるとまわしてみました（前にやったように）。今度は、小さな悲鳴が 2 人分聞こえて、さらにガラスの割れる音が響きました。

　さて、ウサギたちは次に何をするかしらと、アリスは考えました。誰もアリスをこの家から出してくれないので、とても悲しくなりました。だって、この状態でいるのはもう限界でしたから。

　なにも音が聞こえなくなりましたが、アリスはしばらく待つことにしました。やがて、いろんな声が重なりあって聞こえてきました。「もうひとつのはしごをどこへやった？」「ビルが持っております」「ここに二つとも持ってこい」「ダメだ。さきに、二つのはしごをつないで縛っておけ。そうしないと上まで届かないぞ」「屋根に気をつけろ」「さあてと、煙突は誰に下りていかせようかなあ、そうだ、ビル、ウサギのだんながおまえに煙突に入れと言っているよ！」

　「あらまあ、それじゃあビルが煙突を下りていくように言われたのかしら？」とアリスはつぶやきました。「でもなぜビルがなにもかもやらなくてはいけないのかしら！　わたしだったらぜったいビルになりたくないわ。この煙突はとっても小さいんですもの」　アリスは煙突から足をちょっぴりひっこめて、待ちかまえました。そうしたら、小さな動物（何の動物か見当がつきませんでした）が、煙突の上の方で、ガサゴソやっているのが聞こえてきました。「きっとビルだわ」　アリスはつぶやきました。そして、思いっきりキックして、次に何が起こるのか待ちました。

처음에 들려온 것은 모두가 동시에 외치는 소리였습니다. "빌이 날아간다!" 이어서, 토끼 목소리만 들려왔습니다. "빌을 잡아!" 그리고는 잠잠해졌나 싶었더니, 다시 여럿의 목소리가 들려왔습니다. "머리를 받치고 정신이 들게 하는 브랜디를 먹여. 너무 많이 먹이지 말고. 저기 어떻게 된 거야, 빌? 도대체 무슨 일이 일어난 거지? 하나도 빠짐없이 말해 봐!"

마지막으로 다 기어들어 가는 목소리가 들려왔습니다. ('분명 빌일 거야'라고 앨리스는 생각했습니다.) "저ー, 저도 잘 모르겠습니다. 이제 브랜디는 충분히 마셨습니다. 감사합니다. 덕분에 기분이 조금 나아졌습니다. 하지만 무슨 일이 일어났는지는 말할 수 없습니다. 단지 기억나는 것은 무엇인가에게 걷어차여서 굴뚝에서부터 휙 날아갔다는 사실입니다."

"보였어!" 모두가 말했습니다.

"이번 기회에 집을 불살라 버리는 수밖에 없겠어!" 토끼의 목소리가 들렸습니다. 그 순간 앨리스는 있는 힘껏 고함을 질렀습니다. "그런 짓을 했다가는 다이나를 데려와서 모두 날름 집어삼키게 할 거야!"

주위는 쥐 죽은 듯 조용해졌습니다. 앨리스는 혼자 생각했습니다. '다음에는 대체 무슨 짓을 저지르려는 걸까! 다들 조금은 머리를 굴려서 지붕을 떼어내 버리면 될 텐데!'

1분인가 2분인가가 지난 후에, 다시 모두가 움직이기 시작했습니다. 토끼가 "그럼 조금씩 시작해 볼까" 하는 소리가 들려왔습니다. '조금씩이라니, 도대체 뭘 말하는 거지?' 앨리스는 생각했습니다. 다음 순간, 작은 돌이 창문을 통해서 비처럼 쏟아져서, 오랫동안 대답을 기다릴 필요도 없어졌습니다. 작은 돌이 몇 개 앨리스의 얼굴을 때렸습니다. "그만두게 하고 말겠어!"라고 앨리스는 중얼거리다가 소리를 질렀습니다. "당장 그만두지 못해!" 또 다시 정적이 흘렀습니다.

■덕분에 おかげさまで　■있는 힘껏 思いっきり、精一杯　■집어삼키다 飲み込む　■쥐 죽은 듯 조용하다 しんと (ネズミが死んだように) 静まり返っている　■정적이 흐르다 静寂が流れる

　最初に聞こえてきたのは、みんながいっせいに叫ぶ声でした。「ビルが飛んでいくぞー！」次に、ウサギの声だけが聞こえました。「ビルをキャッチしろ！」そしてシーンとなったかと思ったら、たくさんの声が聞こえてきました。「頭を支えて、気つけのブランデーを飲ませろ。飲ませすぎるなよ。なあどうだった、ビル？　いったい何が起こったんだ？　ぜんぶ話してくれ！」

　最後に、消え入りそうな声が聞こえてきました。（「きっとビルだわ」と、アリスは思いました。）「えーっと、自分でもよくわからないんです。もうブランデーは十分いただきました。ありがとうございます。おかげで気分が少しよくなりました。でも、何が起こったのかはお話しできません。ただ覚えているのは、何かに蹴飛ばされて、煙突から吹き飛んだってことです」

　「見えたよ！」　みんなが言いました。

　「この際、家を燃やすしかないな！」と、ウサギの声。すぐにアリスはあらん限りの大声を張り上げて叫びました。「そんなことをしたら、ダイナを連れてきて、みんな、ペロリと食べられちゃうからね！」

　あたりは死んだように静まりかえりました。アリスは一人考えました。「次に何をしでかすのかしら！　みんなちょっとは知恵を働かせて、屋根を取りはずせばいいのに！」

　1分か2分たったあと、またみんなは動き出しました。ウサギが、「それでは少しずつ始めよう」と言う声が聞こえました。「少しずつって、いったい何のことかしら？」と、アリスは思いました。次の瞬間、小石の雨がぱらぱらと窓から飛びこんできたので、答えを長く待つ必要はありませんでした。小石が何個かアリスの顔にあたりました。「やめさせてやるわ！」と、アリスはつぶやいて、どなりました。「すぐにおやめなさい！」　またもや、沈黙です。

　놀랍게도 바닥에 떨어진 작은 돌들이 하나씩 과자로 변하는 것을 앨리스는 알아 차렸습니다. 그 순간 좋은 생각이 머릿속을 스쳤습니다. '과자를 하나 먹으면 몸의 크기가 분명 달라질 거야. 이제 더는 커질 리가 없으니까 반드시, 절대로 작아질 거 야.' 그래서 앨리스는 과자를 하나 먹었습니다. 그러자 키가 작아지는 것이 느껴졌 고 너무나 행복했습니다. 문을 빠져나갈 수 있는 크기가 된 순간, 앨리스는 재빨리 집에서 뛰쳐나갔습니다. 밖에는 작은 동물과 새들이 한 무리 모여 북적거리고 있 었습니다. 그 한가운데에 빌이 있었습니다. 누군가 병에 든 무엇인가를 먹이고 있 었습니다.

　앨리스를 보자마자 모두 일제히 앨리스를 향해 달려왔습니다. 그러나 앨리스도 전속력으로 달아난 덕에 무사히 깊은 숲 속으로 몸을 숨길 수 있었습니다.

　"어디 보자, 먼저 맨처음에 해야 할 일은" 앨리스는 숲 속을 헤매면서 중얼거렸 습니다. "원래의 내 키로 돌아갈 것. 다음 해야 할 일은 그 멋진 정원에 가는 방법 을 찾아내는 것. 그게 최고의 계획이야." 앨리스는 멋진 계획을 생각해 낸 듯했습 니다. 게다가 손 쉽게 준비할 수 있을 것 같았습니다. 단지 어떻게 실행해야 좋을 지, 앨리스에게 전혀 떠오르지 않는다는 사실 하나가 유일한 문제였습니다. 숲 속 을 여기저기 걸어다니다가 작고 날카로운 울음소리가 머리 바로 위에서 들려오기 에 앨리스는 당황해서 위를 쳐다보았습니다.

■북적거리다 にぎわう　■무사히 無事に　■유일한 唯一の

　驚いたことに、床に落ちた小石が次々とお菓子に変わっていくことにアリスは気づきました。とたんに、いい考えがひらめきました。「お菓子を一個食べたら、きっと体の大きさが変わるわ。もうこれ以上大きくなるはずがないので、きっと、ぜったいに小さくなるわ」　そこでアリスは、お菓子を一個食べました。すると、背が縮んでいくことがわかり、とてもハッピーでした。ドアを抜けることができるサイズになったとたん、アリスはいちもくさんに家を飛び出しました。外には、大勢の小さな動物や鳥たちがひしめいていました。その真ん中にビルがいました。ビンから何か飲ませてもらっていました。

　アリスの姿を見るやいなや、みんな一斉に、アリスに駆けよっていきました。でも、アリスは全速力で逃げたので、無事、深い森の中に身を隠すことができました。

　「さてと、まず最初にやるべきことは」と、アリスは森の中をさまよいながらつぶやきました。「いつものわたしの大きさにもどること。次にやるべきことは、あの素敵なお庭に行く方法をみつけること。これがベストプランだわ」アリスは素晴らしい計画を思いついたようでした。それに、簡単に準備できそうでした。ただし、どうやって実行したらよいのか、アリスにはまったくわからなかったことだけが、唯一の問題でした。森中をあちこち歩き回っていたら、小さな鋭い吠え声が頭の真上で響いたので、アリスはあわてて見上げました。

엄청나게 큰 강아지가 동그랗고 커다란 눈으로 앨리스를 내려다보고 있었습니다. 그리고 앨리스를 만지려고 했습니다. "잘 하지, 잘 했어!"라고 말하며, 앨리스는 강아지가 자기를 친구라고 생각하게 만들려고 했습니다. 그러나 속내는 너무 무서웠습니다. 강아지가 배가 고파서 조그마한 앨리스를 먹어 치운다면 어떻게 하나 싶었던 것입니다.

스스로도 어떻게 해야 좋을지 몰랐지만 앨리스는 잔가지 하나를 집어 들어 강아지에게 보여주었습니다. 그러자마자 강아지는 기쁜 듯 멍멍 짖으면서 공중으로 펄쩍 뛰어올라 잔가지로 달려들었습니다. 앨리스는 강아지에게 잡아 먹히지 않도록 재빨리 덤불 그늘로 몸을 숨겼습니다. 앨리스가 덤불 반대쪽으로 이동한 순간 강아지는 다시 잔가지 쪽으로 달려와 잔가지에 달려들었습니다. 그것을 본 앨리스는 강아지가 혼자서 놀고 있는 거라고 생각해 안도했습니다. 그러나 혹시라도 강아지가 앨리스를 향해 달려들지도 모른다고 생각해 다시 덤불 그늘 속으로 몸을 숨겼습니다. 강아지는 여전히 잔가지를 가지고 놀고 있었습니다. 잔가지 바로 앞까지 달려나갔다가는 다시 뒤로 훌쩍 물러나면서, 어둠 속에서, 짖어댔습니다. 이윽고 주저앉아 입을 벌린 채 색색거렸습니다. 커다란 눈은 반쯤 감겨 있었습니다.

■속내 本音　■잔가지 小枝　■재빨리 いち早く　■안도하다 安堵する　■색색거리다 息を切らす

　ものすごく大きな子犬が、まんまるい大きな目でアリスを見下ろしていま
す。そしてアリスに触れようとしています。「よしよし！」と言って、子犬に
アリスはお友だちだと思ってもらおうとしました。でもほんとうは、ものすご
く怖かったのです。子犬がお腹をすかせていて、小さなアリスを食べてしまっ
たらどうしましょうと思ったからです。

　自分でも、どうしたらよいのかわかりませんでしたが、アリスは一本の小枝
をひろい上げて、子犬に見せました。とたんに子犬は、うれしそうにワンと吠
えて、空中に飛び上がり、小枝に飛びつきました。アリスは、急いで茂みの陰
に隠れて、子犬に食べられないようにしました。アリスが茂みの反対側に移動
した瞬間、子犬は再び小枝に向かって走り、小枝に飛びかかりました。それを
見ていたアリスは、子犬が一人で遊んでいるんだと思い、ほっとしました。で
も、もしかしたら子犬は、アリスに向かって飛びかかってくるかもしれないと
思ったので、茂みの陰にふたたび身を隠しました。子犬は小枝とじゃれ続けま
した。小枝の少し前に走りこんでは、またずっとうしろに下がり、その間中、
吠え続けていました。やがて座りこんで、口を開けて、はあはあ言いながら息
をしています。大きな目は半分閉じてしまいました。

도망치려면 지금이라고 생각한 앨리스는 바로 뛰쳐나갔습니다. 기진맥진할 때까지, 강아지 소리가 들리지 않을 때까지, 줄곧 달리기를 멈추지 않았습니다.

"그건 그렇고, 귀여운 강아지였어!" 오랫동안 쉬지 않고 달리다가 겨우 한숨을 돌리면서 중얼거렸습니다. "같이 놀고 싶었는데. 내가 조금만 더 컸더라면 말이지! 이런 안 되지 안 돼. 다시 커져야 한다는 사실을 잊어버릴 뻔했어. 자− 이제 어떻게 하면 또 키가 커지려나. 아마 뭔가를 먹거나 마시거나 해야 할 것 같은데. 그런데 문제는, 도대체 '무엇'을?"

확실히, 큰 문제는 '무엇을?'이었습니다. 앨리스는 주변을 둘러보았습니다. 꽃이나 식물, 풀이 심어져 있었지만 그 무엇도 먹거나 마시거나 하기에는 적절해 보이지 않았습니다. 앨리스 옆에는 커다란 버섯이 있었습니다. 앨리스와 키가 비슷했습니다. 앨리스는 버섯 밑을 살펴보고, 양쪽과 뒤쪽을 점검한 뒤에 깨달았습니다. 버섯 위에 무엇이 있는지 확인해야 한다는 사실을.

앨리스는 까치발로 서서 몸을 쭉 뻗었습니다. 그리고 버섯 갓의 가장자리 너머 위쪽을 살펴보니 커다랗고 파란 애벌레가 그 꼭대기에 앉아 있는 것이 보였습니다. 팔짱을 끼고 조용히 긴 담뱃대에서 연기를 내뿜고 있었습니다. 애벌레는 앨리스는 물론 다른 그 어떤 것도 보고 있지 않았습니다.

■기진맥진하다 くたくたになる ■적절하다 適切だ ■까치발 つま先立ち ■가장자리 縁、
へり ■애벌레 幼虫、イモムシ

　逃げるなら今しかないと思い、アリスはすぐに走りだしました。くたくたになるまで、子犬の声が聞こえなくなるまで、ひたすら走り続けました。

　「それにしても、かわいい子犬だったわ！」と、長いこと走り続けたあと、一休みしながらつぶやきました。「いっしょに遊びたかったわ。もうちょっとわたしが大きかったらね！　まあいけない、また大きくならなくちゃいけないことを忘れるところだったわ。さあえと、どうやったらまた背が伸びるかしら。たぶん、何かを食べたり飲んだりしなくてはいけないと思うけど。でも、問題は、いったい“何”を？」

　たしかに、大問題は、「何を？」でした。アリスはあたりを見わたしました。花や植物や、草が生えていましたが、どれも、食べたり飲んだりするのにふさわしいものには見えませんでした。アリスのそばには、大きなキノコが生えていました。アリスの背丈と同じぐらいです。アリスはキノコの下をのぞいて、両側と、うしろ側を点検したあとに、気づきました。キノコの上に何があるのか、確かめなくてはならないことを。

　アリスはつま先立ちになってうんと背のびしました。そして、キノコのかさのへりごしに上を見わたすと、大きな青いイモムシが、てっぺんに座っているのが見えました。腕組みをして、長いキセルを静かにくゆらせています。イモムシは、アリスも、ほかの何も、見ていませんでした。

覚えておきたい韓国語表現

확 구미가 당겨 (p.10, 4行目)
すごく興味をひかれ

【解説】「구미가 당기다」の「구미 (口味)」とは食べ物を口にしたときの感覚で、「입맛」ともいう。「구미 (입맛) 에 맞다」は「口に合う」という意味になる。「구미」に「당기다 (引く)」が付いた「구미가 당기다」は「欲が出る」「興味がわく」などの意味で使われる。「구미가 돌다 (回る)」ともいう。

 * 「확」はある感情や勢いが急に高まるときの様子を表す副詞である。日本語では「とっても」「すごく」にあたる。

【例文】

① 내가 대장이 될 생각을 하니 그 계획에 구미가 당긴다.
　私が隊長になることを考えると、その計画に興味がわく。

② 내가 좋은 돈벌이가 있다고 했더니 그도 구미가 도는 모양이더라.
　私がいい金儲けがあると言ったら、彼も興味がわいているようだった。

누군가 죽게 된다면 큰일이다 싶어서 (p.10, 下から3行目)
誰か死んでしまったら大変だと思ったので

【解説】「싶다」は先行節の内容通りになるのを心配したり、恐れたりする気持ちを表す言葉。

【例文】

① 누가 볼까 싶어 고개를 푹 숙였다.
　誰が見るかと思って頭を深く下げた。

② 무슨 실수나 한 것이 아닐까 싶어 몹시 불안하다.
　何かミスをしたのではないかと心配でとても不安だ。

● 「싶다」が動詞や形容詞、または「이다」の後ろで、先行節の内容を思う気持ちがあることを表す場合

잠잠해졌나 싶었더니, 다시 여럿의 목소리가 들려왔습니다. (p.58, 2-3行目)
シーンとなったかと思ったら、たくさんの声が聞こえてきました。

【例文】 ① 비가 오는가 싶어 빨래를 걷었다.
雨が降るかと思って洗濯物を取りまとめた。

② 오늘이 자네 생일인가 싶어서 선물을 샀네.
今日が君の誕生日かと思ってプレゼントを買ったよ。

여러분도 알다시피 (p.12, 3行目)
みなさん、おわかりのように

【解説】「-다시피」は「알다 (分かる)」「보다 (見る)」「느끼다 (感じる)」「짐작하다 (推量する)」などの知覚を表す動詞の後ろに付いて「-のとおりに」の意味を表す。

【例文】

① 너도 잘 알다시피 내게 무슨 힘이 있니?
あなたもよく知っているように、私に何の力があるの？

② 보시다시피 제 손에는 아무것도 없습니다.
ご覧のとおり、私の手には何もありません。

너도 나랑 같이 떨어졌으면 좋았으련만. (p.12, 下から4行目)
あなたもわたしと一緒に落っこちてくれたらよかったのに。

【解説】「-(으)련만」は、ある条件が満たされたらある結果が期待されていたのに、残念ながらその条件も期待に沿わず、結果も出なかったことを表す。「条件」が省略される場合もある。「-(으)련마는」の略。

【例文】

① 솔직히 말했으면 좋았으련만 거짓말을 해서 일이 커졌다.
正直に言えばよかったのに、嘘をついて事が大きくなった。

② 돈이 있으면 장사라도 해 보련만 밑천이 있어야지.

お金があれば商売でもしてみようと思うけど、元手がなくちゃ。

머리가 통과했다손 치더라도 （p.16, 5行目）
頭が通ったとしても

【解説】「-다손」は、先行節が表す状況が事実であることを認めてそれを受け止めるときに使われる。後ろに「치다」「하다」が付く。

【例文】

① 철수가 키가 크다손 치자.

チョルスは背が高いとしよう。

② 철수가 다 자랐다손 해도 아직 어른은 아니야.

チョルスが大きくなったとしてもまだ大人ではないよ。

키가 30 센티미터도 채 되지 않게 되었습니다. （p.18, 6行目）
30 センチたらずの背になっていました。

【解説】「채」は、ある状態や動作が一定の水準に至らなかった状況を表す。

【例文】

① 말이 채 끝나기도 전에 그가 소리를 질렀다.

話が終わる前に彼は叫んだ。

② 열다섯이 채 될까 말까 한 소녀였다.

15歳になるかならないかの少女だった。

● 「채」が、すでにある状態そのままにしているという意味を表す場合

> 다리를 살짝 끌어당긴 채로 기다렸습니다. （p.56, 下から 5-4 行目）
> 足をちょっぴりひっこめて、待ちかまえました。

【例文】 ① 벽에 기대앉은 채로 잠이 들었다.
　　　　　壁にもたれて座ったまま眠りについた。

　　　　② 옷을 입은 채로 물에 들어간다.
　　　　　服を着たまま水に入る。

흔적도 없이 사라질 뻔했습니다. (p.28, 7行目)
あとかたもなく消えてしまうところでした。

【解説】「-(으)ㄹ 뻔하다」という表現は、あることがほぼ起こりそうだったのに実際には起こらなかったときに使う。「ぎりぎりそうなりかけていたのに、そうならずに済んでよかった」という意味を持っている。そのため「하마터면(危うく)」という副詞が一緒に使われる場合が多い。

【例文】

　① 하마터면 낭떠러지 아래로 떨어질 뻔했다.
　　危うく崖の下に落ちるところだった。

　② 차에 치일 뻔했다.　車にひかれるところだった。

쥐를 데려와 줄 텐데 (p.42, 下から2行目)
ネズミを連れもどしてくれるのに

【解説】「-(으)ㄹ 텐데」という表現は推測や意志を表す「-(으)ㄹ 터이다」に、状況や出来事の背景を表す「-(으)ㄴ/는데」が合わさった言葉である。先行節にはある事実や状況に対する強い推測や未来を表す内容が、後続節には先行節と関わったり、その反対になる言葉が来る。

【例文】

　① 수출 경기가 빨리 살아나야 할 텐데 아직은 비관적이다.
　　輸出景気が早く回復しなければならないのに、まだ悲観的だ。

　② 맑은 날 같으면 남산이 보일 텐데 오늘은 흐려서 보이지 않는다.
　　晴れた日なら南山が見えるはずなのに、今日は曇っていて見えない。

覚えておきたい韓国語表現

이럴 바에는 집에 있을 걸 그랬어 (p.52, 1行目)
こんなことならおうちにいればよかったわ

【解説】「-(으)ㄹ 바에는」という表現は、先行節の内容が後続節の内容より状況的に良くないと思い、最善ではないが仕方なく後続節の内容を選ぶときに使う。後続節に「차라리（むしろ）」や「아예（はじめから）」が使われることもある。動詞のみに付く。

【例文】

① 어차피 매를 맞을 바에는 먼저 맞겠다.
　　どうせ鞭で打たれるなら先に殴られよう。

② 이렇게 억지 부릴 바에는 다 그만두자.
　　こんなに意地を張るなら全部やめよう。

문은 안쪽에서 열 수 있는 데다가 앨리스가 팔을 뻗치고 있어서 열리지 않았습니다. (p.52, 下から3-2行目)
ドアは内開きで、アリスの腕に押しつけられていたので、開きませんでした。

【解説】「-(으)ㄴ/는 데다가」は、先行節の動作や状態に後続節の動作や状態が加わって、状況がより深刻に（もしくは良く）なっていくときに使う。「-가」を省略する場合もある。

【例文】

① 갈겨쓴 데다가 오자도 많아 원고를 읽기가 어렵다.
　　走り書きしたうえに誤字も多くて原稿を読むのが難しい。

② 그는 행동이 가볍고 민첩한 데다가 머리까지 뛰어났다.
　　彼は行動が軽やかで機敏であるうえに頭まで優れていた。

제 2 부

제 5 장

애벌레가 가르쳐 준 것

애벌레와 앨리스는 한동안 말없이 서로를 바라보았습니다. 마침내 애벌레가 긴 담뱃대를 입에서 빼고는 졸린 듯한 소리로 앨리스에게 말했습니다.

"너는 도대체 뭐 하는 녀석이지?"

대화를 시작하는 방식으로는 그다지 좋지 않았습니다. 앨리스는 천천히 대답했습니다. "나는, 저-기, 실은 나도 잘 모르겠어요. 오늘 아침에 눈을 떴을 때는 제가 누구였는지 알고 있었는데 그 뒤에는 몇 번이나 달라졌기 때문에."

"무슨 뜻이지?" 애벌레는 물었습니다. "설명해 주지 않겠어?"

"미안해요. 설명할 수가 없어요. 그렇잖아요, 제가 제가 아닌 사람이 되어 버렸으니까요."

"이해가 안 되는데." 애벌레가 말했습니다.

■한동안 しばらくの間　■그다지 あまり、それほど

第5章

イモムシが教えてくれたこと

　イモムシとアリスはしばらく黙ってお互いを見つめ合っていました。とうとう、イモムシは長いキセルを口から離して、眠そうな声でアリスに言いました。

　「君はいったい何ものだね？」

　会話の始め方としてはあまりよいものではありませんでした。アリスはゆっくりと答えました。「わたし、あのー、実はわたしにもよくわからないんです。今朝目覚めた時の自分が誰だったかはわかるんですが、そのあとは何度も変化してしまったので」

　「どういう意味だね？」と、イモムシは尋ねました。「説明してくれないか！」

　「ごめんなさい。説明できないんです。だって、わたしはわたしじゃなくなってしまっているので」

　「わからないなあ」と、イモムシ。

"미안해요. 이것보다 알기 쉽게 설명할 수는 없어요." 앨리스는 정중하게 대답하고 말을 이었습니다. "저 자신도 잘 모르니까요. 하루에 몇 번이나 몸 크기가 변하다니, 너무나 이상한 일이니까요."

"그런가?" 애벌레가 말했습니다.

"지금은 이해가 안 갈지 모르지만, 당신도 크면 분명 알 수 있을 거예요." 앨리스가 말했습니다.

"아니, 그건 틀렸어." 애벌레가 말했습니다.

"어쩌면 당신이 느끼는 방식은 나랑은 다를지도 몰라요. 하지만 나한테는 너무나 이상하게 여겨진단 말이에요." 앨리스가 말했습니다.

거기에서 두 사람의 대화는 원점으로 되돌아왔습니다. 앨리스는 애벌레가 하는 말에 조금 화가 났습니다. 그래서 어조에 힘을 실어서 말했습니다. "당신이 뭐 하는 사람인지 먼저 말해야 한다고 생각해요."

"어째서 그렇지?" 애벌레는 물었습니다.

다시금 생각지도 못했던 질문을 받자 앨리스는 무슨 대답을 해야 할지 알 수 없었습니다. 게다가 애벌레가 대단히 불친절하다고 생각했기 때문에 앨리스는 획 뒤돌아서 버렸습니다.

"되돌아오렴!" 애벌레는 앨리스를 향해 말을 건네고는 "중요한 사실을 가르쳐주지!"라고 말했습니다.

그건 꼭 들어야겠다는 생각에 앨리스는 다시 애벌레 쪽으로 되돌아갔습니다.

"화내지 말고 들어 보렴." 애벌레는 말했습니다.

"애개, 그것뿐이야?" 앨리스는 화를 누르며 말했습니다.

"아니." 애벌레가 말했습니다.

■정중하다 丁重だ　■여기다 思う、感じる　■원점 原点、最初　■어조 語調　■다시금 もう
一度、あらためて

　「ごめんなさい、これ以上わかりやすく説明ができません」と、アリスはていねいに答え、「自分でもよくわからないからです。一日に何回も体の大きさが変わってしまうなんて、とても不思議なことなんですもの」

　「そうかなあ」と、イモムシ。

　「今はわからないかもしれませんが、あなたも成長したら、きっとわかるでしょう」と、アリス。

　「いや、それは間違っている」と、イモムシ。

　「もしかしたらあなたの感じ方はわたしとは違うかもしれませんね。でも、わたしにとって、とっても不思議に思えるんです」と、アリス。

　そこで二人の会話はふりだしにもどりました。アリスは、イモムシが言ったことに少し腹をたてていました。そこで、口調を強めて言いました。「あなたが何者なのか、先に言うべきだと思います」

　「なぜだい？」と、イモムシは聞きました。

　またもや思いがけない質問をされてしまい、アリスには答えが見つかりませんでした。それに、イモムシはすごく不親切に思えたので、アリスはくるりと背を向けてしまいました。

　「もどっておいで！」と、イモムシはアリスに向かって声をかけ、「大切なことを教えてあげるよ！」と、言いました。

　それはぜひ聞きたいと思い、アリスはまたイモムシのところにもどってきました。

　「怒らないで聞きなさい」と、イモムシは言いました。

　「えっ、それだけ？」と、アリスは怒りをこらえて言いました。

　「いや」と、イモムシ。

　어차피 달리 할 일도 없었으므로 앨리스는 참고 기다려 보기로 했습니다. 혹시라도 애벌레가 앨리스에게 도움이 될 것을 말해 줄지도 모른다고 기대를 한 것입니다. 애벌레는 잠시 말없이 담뱃대를 물고 뻑뻑 연기를 뿜었습니다. 그런데 이윽고 팔짱을 풀고 담뱃대에서 입을 뗀 후에 이렇게 말했습니다. "그래서 너는 자기가 변했다고 생각한다는 거지?"

　"네, 유감이지만, 아저씨, 저는, 달라져 버린 것 같아요." 앨리스는 말했습니다. "지금은 아무 것도 기억나지 않지만 10분도 같은 크기로 있을 수 없게 되어 버렸다고요!"

　"기억나지 않는다니, 무엇을, 말이지?" 애벌레가 물었습니다.

　"학교에서 배운 것을 기억해 내려 해봤지만 안 됐어요." 앨리스는 침통한 목소리로 말했습니다.

　"그럼, 〈윌리엄 아버지, 저에게 아버지는 늙으셨어요〉라는 시를 되풀이해 보렴." 애벌레가 말했습니다.

　앨리스는, 팔짱을 끼고는 시를 암송하기 시작했습니다.

　　"이제 늙었어, 윌리엄 아버지"라고, 젊은 아들이 말했지.
　　"머리카락도 새하얗지.
　그런데도 아버지, 언제나 물구나무서기를 하고 있어.
　　그런 걸 해도 괜찮다고 생각하는 거야, 그 나이에?"
　"내가 젊었을 때는" 윌리엄은 아들에게 말했지.
　"물구나무서기를 하면 머리에 좋지 않다고 생각했어.
　하지만 지금은 뇌 따윈 텅 비어 버렸어.
　　그러니까 몇 번이나 몇 번이나 물구나무서기를 하지."

■혹시 もしかして　■팔짱 腕組み　■침통하다 沈痛だ　■암송 暗唱　■새하얗다 真っ白だ
■물구나무서기 逆立ち

76

　どうせほかに何もすることがなかったので、アリスはがまんして待つことにしました。もしかしたら、イモムシはアリスにとって得になることを言ってくれるかもしれないと期待したのです。イモムシはしばらくの間、黙ってキセルをぷかぷかとくゆらせていました。でもとうとう、組んでいた腕をほどいて、キセルから口を離すと言いました。「で、君は自分が変わってしまったと思っているんだね？」

　「はい。残念ですが、おじさま、わたし、変わってしまったと思うんです」と、アリスは言いました。「今は何も思い出せないのですが、10分も同じ大きさでいられなくなってしまったのです！」

　「思い出せないって、何を、だね？」と、イモムシは尋ねました。

　「学校で習ったことを思い出そうとしても、ダメなんです」と、アリスは沈んだ声で言いました。

　「じゃあ、『ウィリアム父さん、僕にとって父さんは年をとった』の詩を繰り返してみなさい」と、イモムシは言いました。

　アリスは、腕組みして詩の暗唱を始めました。

　　「もう年だよ、ウィリアム父さん」と、若い息子が言ったとさ。
　　　　「髪の毛だって真っ白。
　　なのに父さん、いつも逆立ちしてる。
　　　　そんなことしていいと思ってるの、その年で？」
　　「わしが若かったころは」ウィリアムは息子に言ったとさ。
　　「逆立ちしたら、オツムによくないと思ってた。
　　　　けれど今では、脳みそなんかすっからかん。
　　　　だから何度も何度も逆立ちするのさ」

"다시 한 번 말하지만 아버지는 늙었어." 젊은 아들은 말했지.
　　"게다가 상당히 살이 쪘고요.
그런데 문에서부터 뒤로 공중제비.
　　가르쳐 줘. 어째서 그런 걸 하는 건지?"

"내가 젊었을 때는" 노인은 말했지.
　　"두 다리는 부드러움 그 자체.
이 캔에 든 연고 덕분이지.
　　너도 사지 않으련?"

"아버지 늙었어." 젊은 아들은 말했지.
　　"턱도 부들부들.
딱딱한 음식은 먹지도 못하지.
그런데 아버지, 닭 뼈도 주둥이도,
　　모두 날름 먹어 치우지.
　　어떻게 그렇게 할 수 있는 거지?"

"젊었을 때는 말이지" 아버지는 말했지. *"법률을 공부해서,*
　　어머니하고 요란스럽게 말 논쟁.
덕분에 턱은 단단하게 단련되어,
　　지금도 튼튼함 그 자체라고."

■상당히 かなり、とても　■공중제비 宙返り　■주둥이 くちばし　■요란스럽다 騒がしい

「もういっぺん言うけど、父さんもう年だよ」若い息子は言ったとさ。
　　「おまけに、ずいぶん太ったよ。
なのにドアからバック転。
　　教えておくれ。なんでそんなことをするんだい？」

「わしが若かったころは」老人は言ったとさ。
　　「両足はしなやかそのもの。
このカン入り軟膏のおかげさ。
　　おまえも買わないか？」

「父さん年だよ」若い息子は言ったとさ。
　　「顎もがくがく。
　　固いものなんか食べられないよ。
なのに父さん、鶏の骨もくちばしも、
　　みんなぺろりとたいらげた。
　　なんでそんなことできるんだい？」

「若いころはな」父親は言ったとさ。「法律を勉強して、
　　母さんとがんがん弁論。
おかげで顎はがっちり鍛えられ、
　　今でも頑丈そのものさ」

"아버지 늙었어." 젊은이는 말했지.
   "시력도 쇠퇴했을 걸.
그런데 코끝에 무언가를 올려놓을 수가 있어.
      어떻게 그렇게 재주가 좋은 거지?"

"너의 질문에는 세 번 대답했어.
   그러니까 이제 충분해."
   라고 아버지는 말했지. *"제멋대로 하는 것도 이제 여기까지!*
네 이야기를 온종일 들어줄 수 있을 거라 생각한 거냐?
      이제 가거라, 그렇지 않으면 너를 여기에서 쫓아낼 줄 알아!"

07

"약간 다른데." 애벌레는 말했습니다. "약간 다르다고요? 미안해요!" 앨리스는 죄송하다는 듯이 말했습니다. "단어가 몇 개인가 달라진 것 같아."

"처음부터 끝까지 틀렸어." 애벌레는 잘라 말했습니다. 그리고 잠시 침묵이 이어졌습니다.

애벌레가 먼저 입을 열었습니다.

"너는 어느 정도의 크기가 되고 싶은 거지?"라고 앨리스에게 물었습니다.

"크기는 어떻든 상관없어요." 곧바로 앨리스는 대답했습니다. "몇 번이나 몇 번이나 변하는 게 싫을 뿐이에요."

"왜 변화하는 게 싫은지, 이해할 수가 없군." 애벌레가 말했습니다.

■쇠퇴하다 衰える   ■죄송하다 申し訳ない

「父さん年だよ」若者は言ったとさ。
「視力も衰えただろう。
なのに鼻先になんかを乗っけることができる。
なんでそんなに器用なの?」

「おまえの質問には3回答えた。
だからもう十分」
と、父親は言ったとさ。「わがままはもうおしまい!
お前の話に一日中つきあっていられると思うのか?
もう行きなさい。さもなきゃ、おまえをここからつまみ出すぞ!」

「ちょっと違うなあ」と、イモムシは言いました。「ちょっと違うですって、ごめんなさい!」と、アリスは申しわけなさそうに言いました。「いくつか言葉が変わっちゃったみたい」
「最初から最後まで、間違っておる」と、イモムシはきっぱり言いました。それから、しばらく沈黙が続きました。
イモムシの方から先に口を開きました。
「君はどれぐらいの大きさになりたいのかね?」と、アリスに尋ねました。
「大きさなんてどうでもいいの」と、すぐさまアリスは答えました。「何度も何度も変わるのがいやなだけなんです」
「なんで変化するのがいやなのか、わからないねえ」と、イモムシ。

앨리스는 대답하지 않았습니다. 이미 열을 받을 대로 받은 상태였습니다. 왜냐하면, 애벌레가 앨리스의 문제를 이해할 수 없을 것 같았기 때문입니다.

"지금은 만족하고 있는 건가?" 애벌레는 물었습니다.

"글쎄, 조금만 더 커졌으면 좋겠지만, 아저씨, 만일 내 말을 들어 준다면" 앨리스는 말을 이었습니다. "키가 8센티미터도 되지 않다니, 너무 작다고 생각한다는 거죠."

"그 정도면 매우 훌륭한 신장이잖아!" 애벌레는 벌떡 일어서서, 발끈한 듯 말했습니다(애벌레의 신장도 8센티미터에 미치지 않았습니다).

"하지만 저는요, 그런 신장에는 익숙하지 않다고요." 앨리스는 말했습니다. "그렇잖아요, 평소에는 더 컸으니까요." 그리고는 중얼거렸습니다. "여기에 있는 동물들은 말이지, 상처를 너무 잘 입어서 정말 힘들다니깐."

"금방 익숙해진단다." 애벌레는 말했습니다. 그리고 다시 담뱃대를 입에 물고 연기를 뻐끔뻐끔 내뿜기 시작했습니다.

이번에는 앨리스도 참을성 있게 애벌레가 다시 입을 열어 주기를 기다렸습니다. 1, 2분 지나자 애벌레는 담뱃대를 입에서 떼고는 쌕쌕 숨을 쉬는가 싶더니 몸을 떨었습니다. 그리고 버섯에서 내려와 풀 속으로 들어가면서 말했습니다. "한쪽은 커지고 반대쪽은 작아져."

'무엇의 한쪽? 무엇의 반대쪽?' 앨리스는 생각했습니다.

"버섯 말이다." 애벌레는 말했습니다. 마치 앨리스가 하는 생각이 들리기라도 한 듯한 대답이었습니다. 다음 순간, 애벌레의 모습은 흔적도 없이 사라졌습니다.

■만족하다 満足する ■신장 身長 ■발끈하다 かっとなる ■익숙하다 慣れている ■참을성 辛抱強さ ■흔적도 없이 跡形もなく

アリスは返事をしませんでした。もうかなり頭にきていたのです。だって、イモムシにはアリスの問題を理解できないようでしたから。

「今は満足してるかね？」と、イモムシ。

「そうね、もう少しだけ大きくなれたらいいなと思うけど、おじさま、もし言わせていただければ」と、アリス。「身長8センチにも満たないなんて、小さすぎると思うんです」

「それはとても立派な背丈だ！」と、イモムシは立ちあがって、むっとしたように言いました（イモムシの背丈も、8センチに満たなかったのです）。

「でもわたし、そんな背丈に慣れていないんです」と、アリスは言いました。「だっていつもはもっと大きいんですもの」　そしてつぶやきました。「ここの動物たちって、とても傷つきやすくて本当に困ったものだわ」

「すぐに慣れるよ」と、イモムシ。そしてキセルをまたくわえてぷかぷかとふかし始めました。

今度は、アリスはしんぼう強く、イモムシが再び口を聞いてくれるのを待ちました。1、2分たつと、イモムシはキセルを口から離し、ぜいぜいと息をしたかと思うと、身ぶるいしました。それから、キノコから降りて。草の中にはって行きながら言いました。「片側なら大きくなるし、逆側なら小さくなる」

「何の片側？　何の逆側？」と、アリスは思いました。

「キノコだよ」と、イモムシ。まるでアリスの思いが聞こえたように答えました。次の瞬間、イモムシの姿はあとかたもなく消えていました。

앨리스는 1분 정도, 말 없이 찬찬히 버섯을 살펴보았습니다. 도대체 버섯의 어느 쪽이 한쪽이고, 어느 쪽이 반대쪽인지를 분별해 내기 위해 안간힘을 썼습니다. 그러나 버섯은 기울지 않고 둥글어서 이거야말로 상당히 어려운 문제였습니다. 결국 앨리스는 버섯 둘레를 두 팔로 있는 힘껏 감싸 안고는 두 손을 뻗어 버섯을 두 조각 뜯어냈습니다.

"어디 보자, 어느 게 어느 쪽일까?" 중얼거리면서 오른손에 든 조각을 살짝 깨물었습니다. 다음 순간 무엇인가가 발에 부딪히는 느낌이 왔습니다!

갑작스런 변화에 놀라기는 했으나 눈 깜짝할 사이에 작아져서 당장 무슨 수를 써야겠다고 생각했습니다. 매우 급하게 다른 한 조각을 먹으려고 했지만 입을 벌리는 것조차 힘겨웠습니다. 입이 발에 붙어 버릴 것 같았기 때문입니다. 그러나 간신히 입을 벌려 다른 한 조각을 베어 물었습니다. 순간 안도할 틈도 없이 앨리스의 몸은 엄청나게 커졌습니다. 밑을 내려다보니, 자기 목밖에는 보이지 않았습니다. 목이 굉장히 길어져 버린 듯했습니다. 자기 손도 보이지 않았습니다. 소리를 내면서 손을 움직여 보았으나 역시나 볼 수가 없었습니다. 앨리스의 손은 훨씬 훨씬 멀리로 가버린 것입니다. 왜냐하면, 앨리스의 머리와 목이 나무들을 껑충 뛰어넘을 정도로 커져 버렸기 때문입니다.

양손을 아무리 뻗어 보아도 머리에 닿을 것 같지 않았습니다. 그래서 이번에는 손에 닿도록 머리를 쭉 뻗어 밑으로 숙여 보았습니다. 그러자 앨리스의 목이 뱀처럼 구불구불하게 어느 방향으로라도 움직인다는 것을 깨닫고는 안심했습니

■안간힘을 쓰다 必死の努力をする ■둘레 周り ■깨물다 噛む ■베어 물다 かじる ■껑충 ぴょんと ■구불구불하다 くねくねする

　アリスは 1 分ほど、黙ってしげしげとキノコを見つめていました。いったいキノコのどちら側が片側で、どちら側が逆側なのかを見きわめようと努めたのです。でもキノコはまん丸でしたから、これはかなりの難題でした。ついにアリスは、キノコのまわりに両腕を思いっきりまきつけて伸ばし、両手でキノコの断片を 2 個もぎ取りました。

　「さて、どっちがどっちかしら？」　つぶやきながら、右手に持った切れはしを少しだけかじりました。次の瞬間、何かが足にぶつかるのを感じました！

　突然の変化に驚きましたが、またたく間に小さくなっていくので、すぐに何か手をうたねばと思いました。大急ぎでもうひとつの切れはしを食べようと思いましたが、口を開けるのさえ一苦労でした。口が足にくっつきそうだったからです。でもなんとか口を開いて、もう一つの切れはしにかじりつきました。一瞬ほっとしたのもつかの間、アリスの体はものすごく大きくなっていました。見下ろしてみると、自分の首しか見えません。ものすごく長い首になってしまったようです。自分の手も見えませんでした。声を出しながら手を動かしてみましたが、やはり見ることができません。アリスの手はずっとずっと遠くに行ってしまったのです。だって、アリスの頭と首が、木々を飛び越えるぐらいに伸びてしまっていたからです。

　両手をいくら伸ばしてみても、頭に届きそうにありません。そこで、手に届くように、頭の方をぐんと下げてみました。すると、アリスの首はヘビのように、くねくねと、どの方向にも動いてくれることがわかり、ほっとしました。アリスは、空から頭をもたげて木立のてっぺんを見下ろそうとしましたが、すぐにやめました。突然、大きな一羽のハトがアリスの顔をめがけて飛んでき

다. 앨리스는 하늘에서 머리를 쳐들고 나무숲의 꼭대기를 내려다보려 했지만 금방 포기했습니다. 갑자기 커다란 비둘기 한 마리가 앨리스의 얼굴을 노리고 날아와서는 날개를 파닥거리며 앨리스의 얼굴을 격렬하게 때리기 시작했기 때문입니다.

08

"이놈의 뱀!" 비둘기는 날카로운 금속성 소리를 냈습니다.

"뱀이 아니야!" 앨리스는 화가 나서 되받아쳤습니다. "내버려 둬!"

"너는 뱀 아니냐. 다시 한 번 말하는데!" 비둘기는 반복했습니다. 그러나 이번에는 조금 침착해진 어조였습니다. "쓸 수 있는 방법은 모두 써봤는데, 뭐 하나 제대로 되질 않아!"

"무슨 말인지 도통 모르겠어." 앨리스는 말했습니다.

"할 수 있는 일은 모두 했어." 마치 앨리스가 하는 말은 전혀 들리지 않는다는 듯이 비둘기는 말을 이었습니다. "뱀 이놈들은 끈질겨!"

앨리스는 비둘기가 하는 말을 점점 더 이해할 수 없었습니다. 그러나 비둘기가 말을 끝낼 때까지 끼어들지 않기로 했습니다.

"알을 깨는 것만으로도 큰일인데" 비둘기는 말을 이어갔습니다. "하지만 밤낮으로 뱀이 접근하지 않도록 감시하지 않으면 안 된다고! 최근 3주간, 한숨도 자지 못했단 말이야!"

"힘들었겠네, 정말 미안해." 앨리스는 사과했습니다. 그제서야 비둘기가 무슨 얘기를 하는지 조금씩 이해할 것 같았습니다.

"숲 속에서 가장 키가 큰 나무를 찾아서 겨우 뱀에게서 해방되었다고 생각했는데." 비둘기의 말은 계속되었습니다. "그런데 이번에는 네가 하늘에서 구불구불 내려오지 않겠어? 뱀 이 녀석!"

■날개를 파닥이다 羽をばたつかせる　■금속성 金切り声　■도통 まったく、さっぱり　■끈질기다 しつこい　■끼어들다 口をはさむ　■한숨도 자지 못하다 一睡もできない

て、翼でバタバタとアリスの顔を激しくぶち始めたからです。

「このヘビめ！」と、ハトは金切り声をあげました。

「ヘビじゃないわよ！」と、アリスは怒って言い返しました。「ほっといてよ！」

「お前はヘビじゃないか。もう一度言うわよ！」と、ハトは繰り返しました。でも今度は少し落ち着いた口調です。「すべての手はうったのに、何ひとつうまくいかない！」

「何のことかさっぱりわからないわ」と、アリス。

「やるべきことはすべてやった」と、まるでアリスの言葉は耳に入らないかのようにハトは続けました。「ヘビのやつらは、執拗だ！」

アリスには、ハトの言っていることがますますわからなくなりました。でも、ハトが話し終えるまで、口をはさむのはやめることにしました。

「卵をかえすだけでも大変なのに」と、ハトが続けます。「でも、日夜ヘビが近づかないように見張っていなくてはならないのよ！　この3週間、一睡もしていないわ！」

「大変だったのね、ほんとうにごめんなさい」と、アリスはあやまりました。やっと、ハトの話が少しずつ理解できるようになってきました。

「森の中で一番背の高い木を見つけたので、やっとヘビから解放されると思っていたのに」と、ハトは続けました。「なのに、こんどはあんたが空からくねくね降りてくるなんて！　ヘビめ！」

"하지만 나는 뱀이 아니라고 했잖아!" 앨리스는 말했습니다. "나는, 나는 말이야……"

"그래서 너는 도대체 누군데?" 비둘기가 말했습니다. "머리를 굴리고 있는 것 같은데!"

"나는, 나는 말이야, 작은 여자아이야!" 앨리스는 말했습니다. 실제로는 자신이 없었지만요. 그날 자기에게 일어난 변화를 전부 떠올렸습니다.

"거짓말쟁이!" 비둘기가 말했습니다. "이제까지 상당히 많은 소녀들을 봐왔지만, 너 같이 긴 목을 가진 녀석은 본 적이 없어! 거짓말, 절대로 거짓말이야! 너는 역시 뱀이야. 뱀 말고 그 무엇일 수가 없는 걸. 어차피 다음에는 알을 먹어본 적이 없다는 따위의 말을 할 생각인 거지?"

"물론 알을 먹어본 적은 있어." 앨리스는 말했습니다. 앨리스는 매우 정직한 여자아이였답니다. "그렇잖아, 어린 여자아이는 모두, 뱀처럼, 알을 먹는다고. 네가 이해할 수 있을까?"

"그건 거짓말이야." 비둘기가 말했습니다. "만일 여자아이도 알을 먹는다면, 뱀과 같은 부류임에 틀림없어. 그 밖에는 있을 수 없어."

완전히 새로운 발상을 접한 앨리스는 1, 2분간 아무 말도 할 수 없었습니다. 그걸 계기로 비둘기는 덧붙였습니다. "네가 알을 찾고 있다는 것은 안 봐도 뻔해. 그러니까 뱀이든 여자아이든 나한테는 다 똑같지 않겠어?"

"나한테는 아주 많이 달라!" 앨리스는 즉각 되받아쳤습니다. "미안하게 됐네요. 나는 알 같은 건 찾고 있지도 않고, 만약 찾고 있다고 해도 너의 알에는 관심이 없어. 나는 생달걀 같은 거 싫어하는 걸."

■거짓말쟁이 うそつき　■정직하다 正直だ　■계기 きっかけ、契機　■덧붙이다 付け加える
■되받아치다 打ち返す、切り返す

「でもわたしはヘビじゃないって言ってるでしょう！」と、アリス。「わたしは、わたしはね……」

「それであんたはいったい何なのよ？」と、ハト。「頭をひねっているようだね！」

「わたしは、わたしはね、小さな女の子よ！」と、アリスは言いました。ほんとうは、自信がなかったのですが。その日に自分に起きた変化を全部思い出していたのです。

「ウソつき！」と、ハト。「これまでずいぶん少女たちを見てきたけれど。あんたみたいに長い首をしたのは見たことがないわ！　ウソ、絶対にウソよ！あんたはやっぱりヘビ。ヘビ以外にありようがないもの。どうせ次には、卵を食べたことがないなんて、言うつもりでしょう？」

「もちろん、卵は食べたことがあるわ」と、アリスは言いました。アリスはとても正直な女の子なのです。「だって、小さな女の子はみんな、ヘビ同様、卵を食べるんですもの。あなたにわかるかしら」

「そんなのウソ」と、ハト。「もし女の子も卵を食べるのなら、ヘビの仲間に違いない。それ以外ないわ」

まったく新しい発想に触れたアリスは、1、2分黙りこんでしまいました。それをいいことに、ハトが付け加えました。「あんたが卵を探してるってことはお見通しよ。だから、ヘビであろうと女の子であろうと、わたしにとって、同じことじゃない？」

「わたしには大違いよ」と、すかさずアリスは言い返しました。「おあいにくさま。わたしは卵なんか探していないし、もし探しているとしても、あなたの卵には興味がないわ。わたし、生卵なんて、嫌いだもの」

"그러면 냉큼 사라져 버리라고!" 약간 안심한 듯 비둘기는 말했습니다. 앨리스는 나무들 사이로 엎드리려 했으나 아무리 해도 목이 가지에 걸려서 잘 되지 않았습니다. 잠시 후 앨리스는, 손에 아직도 버섯 조각을 들고 있다는 생각이 났습니다. 그래서 조심스럽게 첫 번째 조각을 살짝 깨물고, 그다음 조각도 약간 깨물었습니다. 그럴 때마다 키는 커졌다가 작아졌다가 했으나 이윽고 평소의 키로 돌아왔습니다.

원래의 자기 키로 돌아온 게 너무나 오랜만이어서 처음에는 위화감이 들었지만 금세 익숙해졌습니다. 그 즈음에서 다시 잘하는 혼잣말을 하기 시작했습니다. 앨리스는 완전히, 언제나와 같이, 쾌활한 앨리스가 되어 있었습니다. 그러나 그때까지 일어난 변화가 이상해서 어쩔 줄 몰랐습니다. 그렇잖아요, 그게 언제든, 예고 없이 몸의 크기가 달라지니까요. "하지만 내 계획의 절반은 달성했어. 보라고, 원래 크기로 돌아왔잖아. 그럼, 이제 다음으로 해야 할 일은, 저 멋진 정원으로 나가는 것. 하지만 어떻게 나가야 좋을까?" 앨리스는 중얼거렸습니다. 바로 그때 앨리스는 확 트인 공간에 나와 있었습니다. 거기에는 1미터보다 조금 큰 높이의 작은 집이 서 있었습니다. '도대체 누가 살고 있을까.' 앨리스는 생각했습니다. "지금의 내 사이즈로 방문한다면 깜짝 놀랄 테니까 안 되겠어!" 그래서 앨리스는 또 버섯의 오른쪽 조각을 먹기 시작했습니다. 키가 20센티미터 정도가 되고 나서 작은 집으로 다가갔습니다.

■냉큼 ただちに、すぐに　■위화감 違和感　■쾌활하다 快活だ　■예고 予告　■확 트인 공간 広々とした空間

「なら、とっといなくなってちょうだい！」 少しほっとしてハトは言いました。アリスは木々の間にしゃがもうとしましたが、首がどうしても枝にからまってしまい、うまくいきません。しばらくしてアリスは、手にキノコのかけらをまだ持っていることを思い出しました。そこで、注意深く、最初の切れはしをちょっとかじり、次の切れはしをちょこっとかじりました。身長はそのたびに伸びたり縮んだりしましたが、やがていつもの背丈にもどりました。

　自分のいつもの身長にもどるのはほんとうに久しぶりで、最初は違和感を感じましたが、すぐに慣れました。そこでまた、お得意のひとりごとを始めました。アリスはすっかりいつもの陽気なアリスにもどっていました。でも、これまで起きた変化が不思議でたまりませんでした。だって、いつだって、不意に体の大きさが変化するのですから。「でも、わたしの計画の半分は達成したわ。だって、もとのサイズにもどったんですもの。さてっと、次にやるべきことは、あの素敵なお庭に出ること。でも、どうやって出たらいいのかしら？」と、アリスはつぶやきました。まさにその時、アリスは開けた場所に出ていました。そこには、１メートルちょっとの高さの小さな家が立っていました。「いったい、だれが住んでいるのかしら」と、アリスは考えました。「わたしの今のサイズだと、訪ねていったらびっくりされるから無理ね！」 そこで、アリスはまた、キノコの右側のかけらを食べ始めました。身長が 20 センチぐらいになってから、小さな家に近づいて行きました。

09

제 6 장

돼지와 후추

앨리스는 1, 2분, 그 작은 집을 바라보며 다음으로 무엇을 해야 할지 생각했습니다. 갑자기 숲 속에서 시종이 달려왔습니다 — (제복을 입고 있어서 앨리스에게는 시종으로 보였습니다. 그러나 얼굴을 보니 물고기 같았습니다). 물고기는 작은 집 문을 노크했습니다. 문을 연 것은 다른 한 명의 시종이었습니다. 이쪽은 둥근 얼굴에 개구리 같이 커다란 눈을 하고 있었습니다. 복장은 시종 그 자체였습니다. 앨리스는 상황을 살펴보고 싶어서 숲에서 조금 떨어져서 두 사람의 시종이 하는 대화가 들리는 곳까지 슬그머니 다가갔습니다.

먼저 처음으로, 물고기 시종은, 몸 크기 정도나 되는 커다란 편지를 개구리 시종에게 건넸습니다. 그리고 낮은, 거드름을 피우는 어조로 말했습니다. "공작부인께. 여왕폐하로부터 크로켓 게임 초대장입니다." 개구리 시종도 똑같이 거드름을 피우는 어조로 반복했습니다. 하지만 조금은 어순을 바꾸어 말했습니다. "여왕폐하로부터. 공작부인께 크로켓 게임 초대장입니다."

그리고 두 사람은 깊이 머리 숙여 예를 표했습니다.

■시종 侍従　■물고기 魚　■개구리 カエル　■복장 服装　■슬그머니 こっそり、そっと
■거드름을 피우다 もったいぶる

第 6 章

ブタとコショウ

　アリスは 1、2 分、その小さな家を見つめ、次に何をすべきか考えました。突然、森の中から従僕が走ってきました――（制服を着ていたので、アリスには従僕に見えたのでした。でも顔を見たらサカナのようでした）。サカナは小さな家のドアをノックしました。扉を開けたのは、もう一人の従僕でした。こちらは丸顔にカエルみたいなギョロ目をしていました。服装は従僕そのものでした。アリスは様子をさぐりたくなって、森から少し離れて二人の従僕の会話が聞こえるところまでそっと近づいていきました。

　まず最初に、サカナ従僕は、身の丈ほどもある大きな手紙をカエル従僕にわたしました。そして、低い、もったいぶった口調で言いました。「公爵夫人へ。女王陛下よりクロッケーのゲームへの御招待でござる」　カエル従僕も同

じくもったいぶった口調でくりかえしました。でも少しだけ語順を変えて言いました。「女王陛下より。公爵夫人へ、クロッケーのゲームへの御招待でござる」

　そして二人は深々とお辞儀をしました。

이 광경을 보고 앨리스는 저도 모르게 배를 잡고 웃다가 이 소리가 들리면 큰일이다 싶어 서둘러 숲 속으로 뛰어 되돌아갔습니다. 그리고는 살펴보니, 물고기 시종은 없었습니다. 다른 한 사람은 땅바닥에 주저앉아 있었습니다.

앨리스는 가만히 다가가 문을 노크했습니다.

"왜 문을 노크하고 있는지 의문이야." 개구리 시종이 말했습니다. "이유가 두 가지 있어. 첫 번째는 나는 너와 마찬가지로 문 이쪽에 있어. 두 번째 이유는 문 건너편에서는 큰 소란이 한창이야. 아무에게도 너의 노크 따위는 들리지 않는다고." 확실히, 집 안에서 엄청나게 소란스러운 소리가 들려왔습니다.

"어떻게 해야 안으로 들어갈 수 있는지 가르쳐 주시지 않겠습니까?" 앨리스는 물었습니다.

"노크해 보지 그래." 개구리 시종은 대답했습니다(앨리스의 말을 제대로 듣고 있지 않았던 것입니다). "우리 사이에 하나의 문이 있다고 하자. 그리고 만약 네가 안쪽에 있어서 노크를 한다면, 나는 너를 밖으로 내보내 줄 수 있어." 개구리는 그렇게 말하는 사이에도 계속 하늘을 올려다보고 있었습니다. 그것은 매우 실례되는 행동이라고 앨리스는 생각했습니다.

"어쩌면 딱히 방법이 없을지도 몰라." 앨리스는 중얼거렸습니다. "봐봐, 개구리 시종의 눈은 머리 위에 붙어 있는 걸. 그래도 내 질문에 대답은 할 수 있을 텐데." 그래서 앨리스는 "어떻게 하면 안에 들여보내 줄 수 있어요?" 쥐어짜낼 수 있는 목소리는 다 끄집어내서 다시 한 번 물었습니다.

"내가 여기에 앉아 있다고 하자." 개구리 시종은 대답했습니다. "내일까지 말이지……"

■서두르다 急ぐ ■주저앉다 座り込む ■쥐어짜내다 絞り出す

　この光景を見て思わず笑いころげたアリスは、聞こえては大変と、急いで森
の中へ駆けもどりました。次にのぞいてみると、サカナ従僕はいなくなってい
ました。もう一人は地べたに座りこんでいました。

　アリスはそーっと近づいて、ドアをノックしました。

　「なぜドアをノックしてるのか、疑問だね」と、カエル従僕は言いました。
「二つ理由がある。一つは、わしはあんたと同じく、ドアのこちら側にいる。
二つ目の理由は、ドアの向こう側では大騒ぎの真っ最中。だれにもあんたのノ
ックなんか聞こえやしないよ」　たしかに、家の中からすさまじい物音が聞こ
えてきました。

　「どうやったら中に入れるのか教えていただけませんか?」と、アリスは尋
ねました。

　「ノックしてみたら」と、カエル従僕は答えました（アリスの言葉をちゃん
と聞いていなかったのです）。「わしらの間に一枚の扉があったとする。そし
て、もしあんたが内側にいてノックしたら、わしはあんたを外に出してあげら
れる」　カエルはそうやって話している間も、ずっと空を見上げていました。
それはとても失礼な行為だとアリスは思いました。

　「もしかしたら、どうしようもないのかもしれないわ」と、アリスはつぶや
きました。「だってカエル従僕の目は、頭のてっぺんについているんですもの。
それでも、わたしの質問に答えることはできるはずだわ」　そこでアリスは、
「どうやったら中に入れるんですか?」と、ありったけの声を振り絞って、も
う一度尋ねました。

　「わしはここに座っているとしよう」と、カエル従僕は答えました。「明日ま
でな……」

　그때 문이 열리고 커다란 접시가 시종의 머리를 노리고 날아왔습니다. 접시는 개구리 시종의 코에 맞은 후, 뒤에 있는 나무에 부딪혀 산산조각이 나 버렸습니다.

　"…… 그렇지, 그다음 날에 하기로 할까." 개구리 시종은 아무 일도 없었던 듯 이어갔습니다.

　"어떻게 하면 안에 들어갈 수 있어요?" 앨리스는 한층 더 목소리에 힘을 주었습니다.

　"첫 번째 질문은, 그렇지." 개구리 시종은 대답했습니다. "요컨대 말이지, 누가 너를 안에 들여보내줄까, 라는 것이지?"

　그것은 분명히 큰 문제였지만 앨리스는 이제 그런 것을 생각하고 싶지 않았습니다.

　"정말 너무 해." 혼잣말을 했습니다. "여기 동물들 말이지, 모두 따지기를 너무 좋아해. 정말이지 진저리가 난다고."

　개구리 시종은 말을 바꿔서 같은 얘기를 반복했습니다.

　"내가 여기에 앉아 있다고 하자." 그리고는 "있었다가, 없어졌다가, 몇 날 며칠이나."

　"그러면 저는 도대체 어떻게 해야 좋지요?" 앨리스는 말했습니다.

　"좋을 대로." 개구리 시종이 말했습니다.

　"이 사람이랑 얘기해 봐야 소용없어. 아무 도움도 되지 않아." 앨리스는 중얼거렸습니다. 앨리스는 얼른 문을 열고 안으로 들어갔습니다. 문은 커다란 부엌으로 이어져 있었습니다. 구석구석까지 연기가 모락모락 피어 올랐습니다. 공작부인은 아기를 안은 채 부엌 한가운데에 있는 의자에 앉아 있었습니다. 요리사가 부뚜막 옆에 서서 요리를 하고 있었습니다.

■따지다　問い詰める　■진저리가 나다　うんざりする　■구석구석까지　隅々まで　■부뚜막 かまど

　そのときドアが開き、大きなお皿が従僕の頭をめがけて飛んできました。お皿はカエル従僕の鼻にぶつかり、うしろの木にぶつかって粉々に砕けてしまいました。

　「……そうだな、そのまた翌日にしようかなあ」　カエル従僕は、なにごともなかったかのように続けました。

　「どうやったら中に入れるんですか？」と、アリスはさらに声を張り上げました。

　「最初の質問は、だな」と、カエル従僕は答えました。「つまりじゃな、誰がおまえを中に入れるかってことだな？」

　それはたしかに大問題でしたが、アリスはもうそんなことを考えたくもなかったのです。

　「ほんとにひどいわ」と、ひとりごとを言いました。「ここの動物たちって、みんな理屈っぽくて、まったくいやになっちゃう」

　カエル従僕は、言葉を変えて同じことを繰り返しました。

　「わしはここに座っているとしよう」と言い、「おったり、おらんかったり、何日も何日もな」

　「それじゃあわたしは、いったいどうしたらいいんですか？」と、アリス。

　「お好きなように」と、カエル従僕。

　「この人と話していてもムダ。何の助けにもならない」と、アリスはつぶやきました。アリスはさっさとドアを開けて中に入りました。ドアは大きな台所につながっていました。すみずみまで煙がもうもうと立ちこめています。公爵夫人は、赤ん坊を抱いて台所の真ん中の椅子に座っていました。料理人がかまどの横に立って料理をしていました。

'저 수프, 후추를 너무 넣었어!' 앨리스는 생각했습니다. 그도 그럴 것이, 앨리스는 연이어 재채기를 하고 있었으니까요.

부엌은 후추 냄새로 가득했습니다. 공작부인조차도 가끔씩 재채기를 했습니다. 아기는 아기대로 재채기를 하는가 싶더니 끊임없이 울어대고 있었습니다. 부엌에서 재채기를 하지 않는 사람은 요리사와 부뚜막 옆에 앉아서 히죽히죽 웃고 있는 커다란 고양이뿐이었습니다.

"당신의 고양이는 왜 저런 식으로 히죽거리고(웃고) 있는 건지, 괜찮다면 가르쳐 주시지 않겠습니까?" 앨리스는 조심스럽게 물었습니다. 자기가 먼저 입을 여는 것은 예의에 어긋난 행동일지도 모른다는 생각에, 걱정이 됐기 때문입니다.

"그건 체셔 고양이니까." 공작부인이 대답했습니다. "그러니까 그렇지. 돼지 양!"

마지막 단어를 듣고 앨리스는 펄쩍 뛰었습니다. 그러나 공작부인이 아기에게 이야기하고 있다는 사실을 깨닫고는 상당 부분 마음이 풀렸습니다. 그리고 이야기를 이어가기로 했습니다.

"저는 체셔 고양이가 늘 히죽거리고 있다는 걸 몰랐어요. 게다가 고양이가 히죽히죽 웃을 수 있다니, 처음 알았어요."

"고양이라면 모두 히죽거린다고." 공작부인은 말했습니다. "대체로 모두 그래."

"저는 이제까지 히죽거리는 고양이를 본 적이 없어요." 앨리스는 매우 정중하게 대답했습니다. 대화가 성립되고 있다는 사실이 대단히 기뻤습니다.

"너는 아는 게 별로 없구나." 공작부인이 말했습니다. "그게 사실이란다."

■재채기 くしゃみ　■히죽히죽 にやにや　■히죽거리다 にやにや笑う　■성립 成立

「あのスープ、コショウを入れ過ぎだわ！」と、アリスは思いました。だって、アリスは立て続けにくしゃみをしたからです。

台所はコショウの匂いで充満していました。公爵夫人さえもときおりくしゃみをしました。赤ちゃんはといえば、くしゃみをしてはひっきりなしに泣きわめいていました。台所でくしゃみをしていないのは、料理人と、かまどの隣に座ってニヤニヤ笑っている大きなネコだけでした。

「あなたのネコはなぜあんな風にニヤついて（笑って）いるのか、よかったら教えていただけませんか？」と、アリスはひかえめに尋ねました。自分の方から先に口を聞くのは礼儀に反した行為かもしれないと思い、心配だったからです。

「これはチェシャーネコだからよ」と、公爵夫人が答えました。「だからなのよ。ブタちゃん！」

最後の言葉を聞いてアリスは飛び上がりました。でも、公爵夫人は赤ん坊に向かって話しかけていることに気づき、かなり気が楽になりました。そして、話を続けることにしました。

「わたし、チェシャーネコはいつもニヤニヤしているものだってことを、知りませんでした。それに、ネコがニヤニヤ笑いできるなんて、初めて知りました」

「ネコならみんなニヤつくものよ」と、公爵夫人。「たいていみんなやるわ」

「わたし、これまでニヤついているネコに会ったことがないんです」 アリスはとてもていねいに答えました。会話が成り立っていることがすごくうれしかったのです。

「あなたはものをあまり知らないわね」と、公爵夫人。「それが事実だわ」

10

대화가 이상한 데로 흐르는 것 같아서 앨리스는 화제를 바꿔 보기로 했습니다. 다음 화제에 대해서 생각하고 있는데, 요리사가 갑자기 냄비를 불에서 내려놓는가 싶더니 공작부인과 아기를 향해서 주변에 있는 물건들을 손에 잡히는 대로 차례로 던지기 시작했습니다. 공작부인은 식기와 접시, 냄비에 맞아도 꿈쩍하려 하지 않았습니다. 아기는 아기대로 그 전부터 계속 응애응애 울어 대고 있어서, 냄비나 접시에 맞아 아파서 우는 건지 어쩐지 전혀 짐작할 수 없었습니다.

"이런 큰일났네, 정말 그만두세요!" 앨리스는 아기가 너무 걱정돼서 여기저기 뛰어다니며 말했습니다.

"다들 자기 일을 알아서 해준다면." 공작부인이 말했습니다. "지구는 더 빨리 회전할 텐데 말이지."

"그렇게 되면 큰일이야." 앨리스는 말했습니다. 자신의 지식을 조금은 피력할 수 있는 기회가 왔다는 사실에 앨리스는 들떠서 말했습니다. "낮과 밤이 어떻게 생기는지 생각해 보세요! 그렇잖아요, 지구는 24시간 걸려 회전하는 걸요."

"이 아이 머리를 잘라 버리렴." 공작부인이 말했습니다.

앨리스는 너무 불안해져서 요리사 쪽을 바라보았습니다. 공작부인이 한 말을 따르려는 건지 확인하고 싶었습니다. 다행히 요리사는 전혀 듣고 있지 않은 듯, 요리하는 데 정신이 없었습니다. 그래서 앨리스는 이야기를 이어가기로 했습니다. "24시간 — 분명 그렇다고 생각하지만, 아니, 그렇지 않으면 12시간이었나? 나……"

"숫자에 대한 얘기는 이제 그만두거라." 공작부인이 말했습니다. "나는 옛날부터 숫자를 아주 싫어했단다." 그리고는 또 아기를 달래기 시작했습니다.

■꿈쩍하다 びくっと動く　■피력하다 披露する　■정신이 없다 忙しい、無我夢中だ　■아기를 달래다 赤ん坊をあやす

　雲行きがあやしくなってきたので、アリスは話題を変えることにしました。次の話題を考えていると、料理人が突然鍋を火からおろしたかと思うと、公爵夫人と赤ん坊に向かって、そこらへんにあるものを手当たり次第に投げつけ始めました。公爵夫人は、食器や皿や鍋があたっても、じっと動こうとしませんでした。赤ん坊はといえば、その前からずっとワーワーと泣きわめいていたので、鍋や皿があたって痛くて泣いているのかどうか、さっぱり見当がつきませんでした。

　「まあたいへん、ほんとうにやめてくださいな！」と、アリスは赤ん坊のことをすごく心配して、あちこち飛び回りながら言いました。

　「みんなが自分の面倒をみることができたら」と、公爵夫人が言いました。「地球はもっと早く回転するのにねえ」

　「そんなことになったら大変だわ」と、アリス。自分の知識をちょっとだけ披露できるチャンス到来とばかり、アリスは張り切って言いました。「昼と夜がどうやってできるのか考えてみてくださいな！　だって地球は、24時間かけて回転するんですもの」

　「この子の頭を切り落としておしまい」と、公爵夫人。

　アリスはとても不安になって、料理人の方を見ました。公爵夫人の言いつけに従うつもりかどうか確かめたかったのです。幸い料理人は、まったく聞いていないようで、料理に夢中でした。そこでアリスは、話を続けることにしました。「24時間——たしかそうだと思ったんですけど、あら、それとも12時間だったかしら？　わたし……」

　「数字の話はもうやめなさい」と、公爵夫人。「わたしは昔から数字は大きらいなのよ」　そしてまた、赤ん坊をあやし始めました。

　공작부인은 아기에게 자장가를 불러 주기 시작했습니다. 그런데 노래하면서 아기를 공중으로 던져 올렸다가는 밑에서 잡고 하는 통에 아기는 절규하듯 울어댔습니다. 앨리스에게는 공작부인이 무슨 노래인지를 부르는 소리밖에는 들리지 않았습니다.

　곧이어 공작부인이 말했습니다. "이봐! 괜찮다면 아기를 좀 안아 주지 않겠어? 나는 여왕폐하와 크로켓 게임을 할 준비를 해야 하니까." 아기를 던져 올린 공작부인은 급히 부엌에서 나가 버렸습니다. 요리사는 그 뒷모습을 향해서 냄비를 슝 하고 던졌지만 아슬아슬하게 공작부인에게 명중시키지는 못했습니다.

　앨리스는 간신히 아기를 받아 안을 수 있었지만 거기서부터가 큰일이었습니다. 왜냐하면 그 아이는 보통 아기가 아니었기 때문입니다. 양 손발을 있는 힘껏 여기저기로 뻗어대고 있었습니다. 쉴 새 없이 움직였기 때문에 안고 있는 것만으로도 벅찼습니다.

　겨우 아기를 안는 법을 터득한 앨리스는 아기를 안고 밖으로 나갔습니다. '내가 이 아이와 함께 여기에서 빠져나가지 못한다면.' 앨리스는 생각했습니다. '저들은 이 아이를 단 하루, 혹은 그 며칠 사이에 처리해 버릴 거야.'

　아기는 다시 울기 시작했습니다. 앨리스는 아기 얼굴을 들여다보며 도대체 왜 그렇게 울어대는지 확인해 보고자 했습니다. 그러자 아기의 코가 보통과는 매우 다르다는 것을 깨달았습니다(진짜 코라기보다는 돼지 코와 비슷했습니다). 거기에다가 이 아이의 눈이라는 게, 아기라고 하기에는 비정상적으로 작았습니다. 앨리스는 더는 아이의 얼굴을 보고 있기가 싫어졌습니다.

　"만약 네가 돼지라면 더는 너를 돌보지 않을 테야." 앨리스는 말했습니다. 불쌍한 아기는 다시 울기 시작했습니다. 앨리스는 입을 다문 채 계속 걷기만 했습니다.

■자장가 子守唄　■절규하다 絶叫する　■아슬아슬하다 すれすれだ、ぎりぎりだ　■벅차다 手に負えない　■터득하다 会得する　■비정상적 異常な

　公爵夫人は赤ん坊に子守唄を歌い出しました。でも、歌いながら、赤ん坊を空中に放りあげては受け止めているものですから、赤ん坊は大絶叫しています。アリスには、公爵夫人が何やら歌っている声しか聞こえませんでした。

　すぐに、公爵夫人は言いました。「ほらっ！　よかったらちょっとだけ、赤ん坊を抱かせてあげましょう！　わたしは女王陛下とクロッケーのゲームをする支度をしなくちゃならないからね」　赤ん坊を放り投げた公爵夫人は、さっさと台所を出て行ってしまいました。料理人は、そのうしろ姿に向かって、鍋をピューンと投げつけましたが、ぎりぎりのところで公爵夫人には命中しませんでした。

　アリスはなんとか赤ん坊を抱きとめましたが、それからがとても大変でした。だってこの子は、ふつうの赤ん坊ではなかったのです。両手両足を思いっきりあちこちに付き出していました。しょっちゅう動くので、抱きとめていることさえ一苦労でした。

　やっと赤ん坊を抱くコツを覚えたアリスは、赤ん坊を抱いて外に出ました。「わたしがこの子と一緒にここから抜け出さなかったら」と、アリスは考えました。「連中は絶対に、この子をほんの一日かそこらで始末してしまうわ」

　赤ん坊はまた泣き出しました。アリスは赤ん坊の顔をのぞき込んで、いったいどうしたのか確かめようとしました。すると、赤ん坊がとても変わった鼻をしていることに気づきました（ホンモノの鼻というより、ブタの鼻に近かったのです）。おまけにこの子の目といったら、赤ん坊にしては異常に小さかったのです。アリスは、これ以上この子の顔を見ているのはいやになってしまいました。

　「もしあなたがブタなら、もうあなたのお世話はしませんからね」と、アリス。かわいそうな赤ん坊は、また泣き出しました。アリスは黙りこくって歩き続けました。

앨리스는 이런저런 생각을 하고 있었습니다. '집에 갈 때 데려간다면 이 아이를 어떻게 해야 하지!' 그때 아이가 굉장한 소리로 외쳤기 때문에 앨리스는 조심스레 얼굴을 들여다보았습니다. 이번에야말로 절대로 틀림없었습니다. 아기는 돼지였지 인간의 아기가 아니었습니다. 앨리스는 이대로 돼지를 안고 있다는 것이 역시나 이상하다고 생각했습니다.

그래서 새끼돼지를 땅바닥에 내려놓았습니다. 새끼돼지가 얌전하게 종종거리며 숲 속으로 걸어 들어가는 모습을 보면서 앨리스는 마음속으로 안도했습니다. "저 아이가 크면." 앨리스는 중얼거렸습니다. "귀여운 아이는 되지 못할 거야. 하지만 반드시 잘생긴 돼지는 될 수 있어." 그리고 앨리스는 아는 아이들에 대해서 떠올려 보았습니다. 그 아이들도 돼지였다면 분명 귀여울 텐데, 라고 생각했습니다. 그때 놀랍게도 그 체셔 고양이가 앨리스의 바로 옆에 있는 나뭇가지 위에 앉아 있는 것이 보였습니다.

고양이는 앨리스를 보고 히죽거렸습니다. 그것을 보고 앨리스는 상냥해 보이는 고양이일 거라는 생각이 들었습니다. 그런데 엄청나게 많은 이가 보여서 예의 바르게 대하는 편이 좋겠다고 느꼈습니다.

"체셔 고양이 님." 앨리스는 머뭇머뭇 말을 꺼냈습니다. 그렇게 불러도 될지 어떨지 알 수 없었기 때문입니다. 고양이는 히죽히죽 크게 웃었습니다.

■조심스레 用心深く　■종종거리다 とことこ歩く　■상냥하다 優しい　■머뭇머뭇 もじもじ、おずおず

　アリスは思いをめぐらせていました。「おうちに連れて帰ったら、この子を
どうしましょう！」　そのとき、その子はものすごい音を出して叫んだので、ア
リスはこわごわ顔をのぞき込みました。今度こそ、絶対に間違いありません。
赤ん坊は、ブタで、人間の赤ちゃんではありませんでした。アリスは、このま
まブタを抱っこしているなんて、やっぱりおかしいと思いました。

　そこで子ブタを地面に下ろしました。子ブタがおとなしくトコトコと森の中
に歩いて行く姿を見とどけ、アリスは心底
ホッとしました。「あの子が大きくなった
ら」と、アリスはつぶやきました。「カワイ
イ子どもにはならないでしょうね。でも、
きっとハンサムなブタちゃんになるわ」
そしてアリスは、知っている子どもたちの
ことを思い浮かべました。あの子たちも、
ブタだったら、きっとカワイイのになあと
思いました。その時、驚いたことに、あの
チェシャーネコが、アリスのすぐそばの木
の枝の上に座っているのが見えました。

　ネコはアリスを見て、ニヤッとしました。
それを見てアリスは、やさしそうなネコみ
たいな気がしました。でも、ものすごくた
くさんの歯が見えたので、ていねいに接した方がよさそうだと感じました。

　「チェシャーネコさん」と、アリスはおずおずと切り出しました。そう呼び
かけていいのかどうかわからなかったからです。ネコはニヤッと笑いを大きく
しました。

'기분이 좋아 보여.' 그렇게 생각한 앨리스는 말을 이었습니다. "가르쳐 주셨으면 하는데요, 저는 앞으로 어느 쪽으로 가야 할까요?"

"중요한 질문은 네가 어디로 가고 싶으냐는 거란다." 고양이가 대답했습니다.

"특별히 어디로 가든 상관없어요." 앨리스가 말했습니다.

"그렇다면 어디로 가더라도 상관없지 않겠니?" 고양이는 말했습니다.

"어딘가에 도착할 수만 있다면." 앨리스는 말했습니다.

"그건 문제없어." 고양이는 계속해서 말했습니다. "멀리까지 가면 돼."

그 대답에 납득한 앨리스는 다음 질문을 했습니다. "여기에는 어떤 사람들이 살고 있어요?"

"저쪽에는" 고양이는 오른쪽을 가리키며 말했습니다. "모자장수가 살고 있어. 그리고 이쪽에는" 왼쪽을 가리키며 "3월 토끼가 살고 있지. 어느 쪽을 방문해도 괜찮아. 두 사람 다 미쳤으니까."

"하지만 저는 미친 사람들과는 만나고 싶지 않아요." 앨리스는 대답했습니다.

"아니야. 만나러 가지 않으면 안 돼." 고양이는 말했습니다. "여기에 있는 무리는 모두 미쳤으니까. 나도, 너도 말이지."

"제가 미쳤다니, 어떻게 알 수 있어요?" 앨리스는 물었습니다.

"그거야 당연하지 않니?" 고양이는 대답했습니다. "그렇지 않으면 이런 곳에 올리가 없잖아."

그런 이상한 말은 믿을 수 없다고 생각했지만 계속 질문하기로 했습니다. "게다가 당신은 어떻게 자기가 미쳤다는 걸 알 수 있어요?"

"들어봐." 고양이는 말했습니다. "개는 미치지 않았어. 동감하지?"

"네에, 아마도." 앨리스는 말했습니다.

■납득하다 納得する ■동감하다 同感だ

「機嫌がよさそうだわ」と思い、アリスは続けました。「教えていただきたいんですが、わたしこれから、どこに向かったらいいのでしょうか？」

「重要な質問は、あんたがどこへ行きたいかだよ」と、ネコが答えました。

「別にどこへ行ってもいいんです」と、アリス。

「それならどこへ行ったっていいじゃないか」と、ネコ。

「どこかへたどり着くことさえできれば」と、アリス。

「それは問題ないよ」と、ネコは続けました。「遠くまで行けばいい」

その答えに納得したアリスは、次の質問をしました。「ここにはどんな人たちが住んでるんですか？」

「あっちのほうには」と、ネコは右の方をさして言いました。「帽子屋が住んでいる。それからこっちには」と、左の方向をさして、「三月ウサギが住んでる。どっちを訪ねてもいい。二人ともイカレているがね」

「でもわたし、イカレた人たちには会いたくありません」と、アリスは答えました。

「いいや。会いに行かねばならぬ」と、ネコは言いました。「ここにいる連中はみーんな、イカレてるからな。おれも、おまえさんもな」

「わたしがイカレてるなんて、どうしてわかるんですか？」と、アリスは尋ねました。

「それは決まってる」と、ネコは答えました。「でなきゃこんなところに来るはずがない」

そんなおかしな話は信じられないと思いましたが、質問を続けることにしました。「それに、どうしてあなたは、自分がイカレてるってわかるんですか？」

「いいか」と、ネコ。「イヌはイカレていない。同感だろ？」

「ええ、たぶん」と、アリス。

"그렇다면" 고양이는 이어갔습니다. "개는 화가 나면 짖을 거고, 기분이 좋을 때는 분명히 꼬리를 흔들 거야. 그런데 내 경우에는, 화가 나면 꼬리를 흔들고, 기분이 좋을 때는 짖는다고. 그러니까 내가 미친 거지."

"외람되지만, 고양이는 짖지 않는다고 생각해요 — 짖는 건 개뿐이에요." 앨리스는 말했습니다.

"그런 건 어느 쪽이든 상관없어." 고양이는 말했습니다. "너 말이야, 오늘, 여왕 폐하와 함께 크로켓 게임을 하니?"

"부디 그렇게 하고 싶은데." 앨리스는 대답했습니다. "하지만 아직 폐하로부터 초대받지 못했어요."

"그럼, 거기에서 또 만나자." 그렇게 말하는가 싶더니 고양이는 소리 없이 사라졌습니다. 고양이가 사라졌지만 앨리스는 더 이상 놀라지 않았습니다. 그렇지 않겠어요? 잇달아 이상한 일들이 쉬지 않고 일어나고 있으니까요. 앨리스는 잠시 고양이가 있었던 곳을 바라보았습니다. 그러자 갑자기 그 고양이가 다시 나타났습니다.

"아기는 어떻게 했지?" 고양이가 물었습니다. "자칫 묻는 걸 잊어버릴 뻔했어."

"그건 돼지였어요." 앨리스는 급하게 대답했습니다. 고양이가 되돌아와서 자기가 놀랐다고 고양이가 생각하는 게 싫었기 때문입니다.

"그럴 거라고 생각했어." 그렇게 말하고 고양이는 다시 소리 없이 사라지고 말았습니다.

다시 고양이가 되돌아올지도 몰랐기 때문에 앨리스는 조금만 더 기다렸습니다. 고양이는 돌아오지 않습니다. 1, 2분 지난 후에 앨리스는 3월 토끼가 살고 있다고 고양이가 가르쳐 준 방향으로 걷기 시작했습니다. "나는 모자장수랑은 만난 적이 있어." 중얼거리면서 "3월 토끼 쪽이 훨씬 재미있을 것 같아. 게다가 지금은 벌써 5월이니까 3월만큼은 미치지 않았을지도 몰라."

■외람되다 僭越だ、差し出がましい　■잇달아 次々に　■자칫 ともすれば

「それなら」と、ネコは続けます。「イヌは怒ったら吠えるし、機嫌がいいときにはしっぽを振る。ところで、おれの場合には、怒ったらしっぽを振るし、上機嫌のときには吠える。だからおれは、イカレてるんだよ」

「お言葉ですが、ネコは吠えないと思います——吠えるのはイヌだけでしょう」と、アリス。

「そんなことはどっちだってよい」と、ネコ。「おまえさん今日、女王陛下と一緒にクロッケーのゲームをすんのかい？」

「ぜひそうしたいんですが」と、アリスは答えました。「でもまだ陛下から招待されていないんです」

「じゃ、そこでまた会おう」と言ったかと思うと、ネコはふっと消えてしまいました。ネコが消えてもアリスはもう驚きませんでした。だって、次々と不思議なことが立て続けに起こっていたからです。アリスはしばらくネコがいた場所を見つめていました。すると突然、あのネコがまた現れました。

「赤ん坊はどうなったんだい？」と、ネコは尋ねました。「もうちょっとで聞き忘れるところだった」

「あれはブタでした」と、アリスは大急ぎで答えました。ネコがもどってきてアリスが驚いているんだと、ネコに思われたくなかったからです。

「そんなことだと思ったよ」と言って、ネコはまたふっと消えてしまいました。

またネコがもどってくるかどうかわからなかったので、アリスは少しだけ待ちました。ネコはもどってきませんでした。1、2分してからアリスは、三月ウサギが住んでいるとネコが教えてくれた方向に歩きだしました。「わたし、帽子屋さんには会ったことがあるわ」とつぶやき、「三月ウサギの方がずっとおもしろそうだわ。それに、今はもう5月だから、3月ほどイカレていないかもしれないわ」

그렇게 말하면서 문득 위를 올려다보니 고양이가 또 다시 나뭇가지 위에 있는 것이 보였습니다.

"돼지라고 했니?" 고양이는 말했습니다.

"네−. 그렇게 말했어요." 앨리스는 대답했습니다. "갑자기 사라졌다가 또 나타났다가 하는 것 좀 그만둬 주신다면 저는 매우 기쁠 텐데요."

"알았어." 고양이는 그렇게 말하고 이번에는 아주 천천히 꼬리 끝부터 순서대로 사라져 갔습니다. 마지막에 사라진 것은 히죽거리는 웃음이었습니다.

'히죽거리지 않는 고양이도 많이 알고 있는데.' 앨리스는 생각했습니다. '하지만 고양이도 없는데 히죽만 남다니! 지금까지 중에서 가장 이상한 광경이야!'

조금 가다 보니 3월 토끼의 집이 보였습니다. 그것은 매우 큰 집이었습니다. 앨리스는 왼손에 든 버섯 조각을 살짝 깨물어 60센티미터 정도의 키가 된 후에 그 집에 다가가기로 했습니다. 그리고 발걸음을 늦추면서 집에 다가갔습니다. 그리곤 혼잣말을 했습니다. "오늘의 토끼는 미치지 않으면 좋겠는데! 모자장수 쪽으로 하는 편이 좋았을까!"

■문득 ふと　■천천히 ゆっくり　■발걸음 足取り、歩み

　そう言いながらふと見上げると、ネコがまた木の枝にとまっているのが見えました。

　「ブタって言った？」と、ネコ。

　「ええ。そう言いました」と、アリスは答えました。「突然消えたり、また現れたりするのをやめていただけたら、わたしうれしいんですけど」

　「了解」とネコは言って、今度はすごくゆっくりと、しっぽの先から順番に消えていきました。最後に消えたのは、ニヤニヤ笑いでした。

　「ニヤッとしないネコはたくさん知っているけど」と、アリスは思いました。「でも、ネコなしのニヤッなんて！　今までで一番不思議な光景だわ！」

　少ししたら、三月ウサギの家が見えてきました。それはものすごく大きな家でした。アリスは、左に持っていたキノコのかけらを少しかじり、60 センチぐらいの身長になってからその家に近づくことにしました。そして歩調をゆるめながら、アリスは家に近づいていきました。こんなひとりごとをつぶやきました。「今日のウサギはイカレてなければいいけど！　帽子屋さんの方にしておけばよかったのかしら！」

제 7 장

미친 다과회

집 앞 나무 그늘에는 테이블이 놓여 있었습니다. 거기에서 3월 토끼와 모자장수가 홍차를 마시고 있었습니다.

겨울잠쥐가 두 사람 사이에 앉아서 쿨쿨 잠들어 있었습니다. 다른 두 사람은 겨울잠쥐의 어깨에 팔꿈치를 대고 그 머리 너머로 이야기를 나누고 있었습니다. '겨울잠쥐가 불쌍해.' 앨리스는 생각했습니다. '하지만 자고 있으니까 아무렇지 않을지도 몰라.'

커다란 테이블이었지만 세 사람은 그 가장자리에 한데 몰려 앉아 있었습니다. "자리는 없어! 자리는 없어!" 두 사람은 앨리스가 다가오는 것을 보자 소리쳤습니다.

"넉넉하게 비어 있잖아." 앨리스는 이렇게 말하고 테이블 끝에 놓인 커다란 의자에 앉았습니다.

"오렌지주스를 들어봐요." 3월 토끼가 친절한 말투로 말했습니다.

■겨울잠쥐 ヤマネ　■쿨쿨 ぐうぐう　■말투 口調、語り口

第7章

クレイジーお茶会

　家の前の木かげにはテーブルが置かれていました。そこで三月ウサギと帽子屋が紅茶を飲んでいました。

　ヤマネが2人の間に座ってぐっすり眠りこけています。他の2人はヤマネの肩に肘をつき、その頭ごしに話しこんでいます。「ヤマネがかわいそうだわ」と、アリスは思いました。「でも、眠っているから平気なのかもしれないわね」

　大きなテーブルでしたが、3人はそのはじっこにひと固まりになって座っていました。「席はないよ！　席はないよ！」と、2人はアリスがやってくるのを見ると、叫びました。

　「たっぷりあいてるじゃないの」と言って、アリスはテーブルのはしに置かれた大きな椅子に腰かけました。

　「オレンジジュースをどうぞ」と、三月ウサギがやさしい口調で言いました。

앨리스가 테이블을 훑어보니 홍차밖에는 보이지 않았습니다.

"오렌지주스 같은 건 없는데요." 앨리스는 말했습니다.

"그런 거 없어." 3월 토끼는 말했습니다.

"없는 것을 들어보라고 권하다니 실례잖아." 앨리스는 뾰루퉁하게 말했습니다.

"앉으세요, 라고 말하기 전에 앉다니, 실례네." 3월 토끼가 되받아쳤습니다.

"당신들의 테이블이라는 것을 몰랐으니까요." 앨리스는 말했습니다. "게다가 여기에는 3명 분 이상의 접시와 컵이 있는 걸."

"헤어 커트가 필요해." 모자장수가 말했습니다. 아까부터 흥미진진하게 앨리스를 보고 있었는데도 처음 내뱉은 한마디가 이것이었습니다.

"다른 사람에 대해서 이러쿵저러쿵 얘기하는 건 좋지 않아." 앨리스는 말했습니다. "대단한 실례라고요."

모자장수는 그 말을 듣고 눈을 동그랗게 떴습니다. 그러나 입에서 나온 말은 "오늘이 며칠이었지?"였습니다. 그리고는 윗도리에서 시계를 꺼내 보고 때때로 시계를 흔들어 본다거나 귀에 대어 본다거나 하고 있었습니다.

앨리스는 1분 정도 생각한 후에 말했습니다. "4일이야."

"이틀 틀렸어!" 모자장수는 말했습니다. "버터는 시계와는 안 맞는다고 말했잖아!" 3월 토끼에게 성을 내듯 노려보며 말했습니다.

"최고의 버터였단 말이야." 3월 토끼는 침착하지 못하게 대답했습니다.

"다만, 빵 부스러기도 시계에 집어넣어 버린 듯해." 모자장수는 말했습니다. "빵을 자르는 나이프로 내 시계에 버터를 바른다거나 해서는 안 됐던 거야."

■뾰루퉁하다 つんとしている、ふくれっ面をしている　■흥미진진하다 興味津々だ　■눈을 동그랗게 뜨다 目を丸くする　■성을 내다 怒る、腹を立てる

　アリスがテーブルを見わたすと、紅茶しか見あたりません。
　「オレンジジュースなんて、ないんですけど」と、アリス。
　「そんなものないよ」と、三月ウサギ。
　「ないものをどうぞって勧めるなんて、失礼だわ」と、アリスはぷりぷりして言いました。
　「どうぞおかけくださいって言われる前に座るなんて、失礼だ」と、三月ウサギが言い返します。
　「あなたがたのテーブルだってこと、知らなかったんですもの」と、アリス。「それに、ここには３人以上のお皿やカップがおいてあるわ」
　「ヘアカットが必要だね」と、帽子屋が言いました。さっきから興味しんしん、アリスを見つめていましたが、最初の一言がこれだったのです。
　「ひとのことをとやかく言うのはよくないわ」と、アリス。「すごく失礼ですもの」
　帽子屋はそれを聞いて、眼をまんまるに見開きました。でも、口から出てきた言葉は、「今日は何日だったっけ？」そして上着から時計を取り出してながめ、ときおり時計を振ったり、耳にあてたりしました。
　アリスは１分ほど考えてから、言いました。「４日よ」
　「２日違う！」と、帽子屋。「バターは時計にあわないって言っただろう！」と、三月ウサギを腹立たしげににらんで言いました。
　「サイコーのバターだったんだよ」と、三月ウサギはせかせかと答えました。
　「ただし、パンくずも時計に入り込んでしまったようだな」と、帽子屋。「パン切りナイフでおれの時計にバターをぬりこんだりしちゃあいけなかったんだよ」

3월 토끼는 한심하다는 듯한 얼굴로 시계를 쳐다보았습니다. 그리고 홍차가 든 자기 찻잔 안에 퐁당 담근 후 다시 한 번 시계를 쳐다보았습니다. 처음에 한 말보다 그럴 듯한 말이 떠오르지 않았습니다. "최고의 버터였는데 말이야."

앨리스는 호기심 가득해서 토끼를 보고 있었습니다. "얼마나 이상한 시계인가 말이야!" 앨리스는 말했습니다. "며칠인지는 알지만 시간은 모르다니!"

"그래서 뭐가 이상하지?" 모자장수가 말했습니다. "네 시계는 몇 년인지 알 수 있다는 거야?"

"물론 모르지." 앨리스는 대답했습니다. "그렇잖아, 1년 동안은 아주 길고 변하지 않으니까."

"내 시계도 역시 마찬가지야." 모자장수는 말했습니다.

앨리스는 전혀 이해할 수 없었습니다. 모자장수가 하는 말은 무슨 말인지 전혀 의미를 알 수 없었지만, 영어로 이야기하고 있다는 것만은 확실했습니다. "이해하기가 좀 어려운데요." 가능한 한 정중하게 말했습니다.

"겨울잠쥐가 또 잠들었어." 모자장수는 그렇게 말하며 뜨거운 홍차를 겨울잠쥐의 코 위에 부었습니다. 겨울잠쥐는 고개를 흔들고는 눈을 감은 채 말했습니다. "당연하지, 당연하지, 나도 지금, 그렇게 말하려고 한 참이야."

"좀 더 지혜롭게 시간을 써야 한다고 생각해." 앨리스는 말했습니다. "의미 없는 말만 하지 말고."

"시간은 '그'이지, '그거'가 아니야!" 모자장수는 말했습니다.

"무슨 말인지 모르겠어." 앨리스는 말했습니다.

"알 리가 없어!" 모자장수는 말했습니다. "'시간 군'과 이야기해 본 적이 없을 테니까!"

■한심하다 情けない ■호기심 好奇心 ■지혜롭다 賢い

　三月ウサギは情けなさそうな顔で時計を見つめました。それから、紅茶が入った自分のティーカップの中にちゃぽんとひたし、もう一度時計をながめました。最初に言ったことよりもましなことを思いつきませんでした。「サイコーのバターだったのになあ」

　アリスは好奇心まんまんでウサギを見ていました。「なんておかしな時計なんでしょう！」と、アリス。「何日かわかるけど、時間がわからないわね！」

　「それで何がおかしい？」と、帽子屋。「あんたの時計は何年かわかるのかい？」

　「もちろんわからないわ」と、アリスは返事しました。「だって、一年間はとっても長くて変わらないからよ」

　「おれの時計だっておんなじさ」と、帽子屋。

　アリスにはわけがわかりませんでした。帽子屋が言っていることはまったく意味不明に思えましたが、英語で話していることだけは確かでした。「ちょっと理解しかねるのですが」と、できるだけていねいに言いました。

　「ヤマネがまた寝ちゃった」と、帽子屋は言い、熱い紅茶をヤマネの鼻の上にたらしました。ヤマネは頭をふると、目をつぶったまま言いました。「とうぜん、とうぜん、ぼくも今、そう言おうとしていたとこ」

　「もっと賢く時間を使うべきだと思うわ」と、アリスは言いました。「意味のないことばかり言っていないで」

　「時間は“彼”で、“それ”ではない！」と、帽子屋。

　「わけがわからないわ」と、アリス。

　「わかるわけがないよ！」と、帽子屋。「“時間クン”と話したことがないだろうからな！」

"그 말대로야." 앨리스는 대답했습니다.

"아아, 그것으로 이해가 됐어." 모자장수는 말했습니다. "'시간 군'과 친해지면 '그'는, 시계를 너 좋을 대로 바꿔 주지. 가령 아침 9시가 되어 수업이 시작할 시간이라고 하자. 그(시간 군)에게 살짝 속삭이는 것만으로 시계바늘은 눈 깜짝할 사이에 휙 하고 돌아 1시 반을 가리켜 줄 거야 — 디너 타임이야!"

("아아, 그러면 좋을 텐데." 3월 토끼가 재빠르게 중얼거렸습니다.)

"확실히 그건 멋진 일이야." 앨리스는 곰곰이 생각하면서 말했습니다. "단지, 그렇게 되면, 나는 아직도 배가 고프지 않을 것 같은데."

"처음에는 그럴지도 몰라." 모자장수는 말했습니다. "하지만 시계바늘을 계속 원하는 대로 1시 반으로 맞춰 놓으면 되는 거야."

"그런 짓을 너는 정말로 하고 있는 거야?" 앨리스는 물었습니다.

모자장수는 슬픈 듯 고개를 좌우로 젓고는 "아니, 하지 않았어"라고 대답했습니다. "나와 시간 군은 작년 3월에 말다툼을 해버려서. 그가 이상해지기 직전이었어……" (3월 토끼를 가리키면서) "……하트 여왕님이 주최하는 대 콘서트에 모두가 참가했을 때의 일이었어. 내가 노래해야 했던 것은",

"반짝반짝 꼬맹이,
도대체 지금쯤 뭘 하고 있니!"

"노래 다음 부분을 알고 있지." 모자장수는 말했습니다. "이런 느낌이야."

■속삭이다 ささやく　■곰곰이 じっくりと　■말다툼 口げんか　■꼬맹이 おちびちゃん

「そのとおりよ」と、アリス。

「ああ、それでわかったぞ」と、帽子屋。「"時間クン" と仲良くなれば、"彼" は、時計をあんたの好きなように変えてくれる。たとえば、朝9時になって、授業が始まる時間だとする。彼（時間クン）にそっとささやくだけで、時計の針はあっという間にぐるりとまわって1時半をさしてくれる——ディナータイムだ！」

（「ああ、そうだといいのに」と、三月ウサギはささっとつぶやきました。）

「たしかにそれは素敵よね」と、アリスはじっと考えながら言いました。「ただ、それだと、わたしまだお腹がすいてないんじゃないかしら」

「最初はそうかもしれない」と、帽子屋。「でも、時計の針をずっと好きなだけ1時半にしておけばいいんだよ」

「そんなこと、あなたはほんとうにやっているの？」と、アリスは尋ねました。

帽子屋は悲しそうに首を横にふって、「いいや。やっていない」と、答えました。「おれと時間クンは、去年の3月に口げんかしちゃってね。彼がオカシくなる直前だった……」（三月ウサギを指差しながら）、「……ハートの女王様主催の大コンサートにみんなで参加したときのことだった。おれが歌わなきゃならなかったのは、

「きらきらおちびちゃん、
　　いったい今ごろ何してるん！」

「歌の続きを知ってるよね」と、帽子屋。「こんな感じだよ」

"하늘 높이, 날아라, 날아.
  하늘의 쟁반처럼, 날아라, 날아"

그때 겨울잠쥐가 부르르 몸을 떨고는, 졸면서 "반짝반짝"이라고 노래를 부르기 시작했습니다. 아무리 시간이 지나도 멈추지 않아서 다들 머리를 때리면서 그만두 게 했습니다.

"아직 내 노래는 끝나지 않았었어." 모자장수는 말했습니다. "여왕폐하가 갑작 스레 성을 내며 '그의 목을 잘라 버려라!' 하면서 고함을 친 거야."

"어머, 너무 심하잖아!" 앨리스는 큰소리를 냈습니다.

"그때부터 일어난 일이란" 모자장수는 침통한 목소리로 이어갔습니다. "그는 결 코 내가 하는 말을 듣지 않게 되었어! 덕분에 언제나, 지금 6시."

그때, 앨리스는 반짝하고 떠오르는 것이 있었습니다. "알겠어. 그래서 테이블 위 에는 이렇게 잔뜩 차 도구가 놓여 있는 거야?" 앨리스는 물었습니다.

"정답." 모자장수가 말했습니다. "여기에서는 언제나 티타임이야. 식기를 닦을 여유조차 없어."

"그래서 차례대로 자리를 비켜 앉으면서 테이블 주위를 돌고 있다는 거네?" 앨 리스는 말했습니다.

"정답." 모자장수가 말했습니다.

"그런데 한 바퀴 돌아서 원래 장소로 돌아오면 어떻게 해?" 앨리스는 물어 보았 습니다.

"화제를 바꾸지 않겠어?" 3월 토끼가 끼어들었습니다. "이제 질렸어. 뭔가 이 아 가씨가 하는 이야기를 들어보지 않겠어?"

■쟁반 お盆   ■잔뜩 いっぱい   ■질리다 飽きる

「天高く、飛べよ飛べ、
　　お空の茶盆のように、飛べよ飛べ」

　ここでヤマネはぶるっと身ぶるいして、眠りながら「きらきら」と歌い出しました。いつまでたってもやめないので、みんなで頭をたたいてやめさせました。
　「まだおれの歌は終わっていなかったんだ」と、帽子屋。「女王陛下が突如として怒りだし、『彼の首を落としておしまい！』と叫んだのさ」
　「まあ、なんてひどい！」と、アリスは大声をあげました。
　「それからというもの」と、帽子屋は沈んだ声で続けました。「彼は決しておれの言うことを聞いてくれなくなったんだ！　おかげでいつも、いま6時」
　そのとき、アリスはぱっとひらめきました。「わかった。それで、テーブルの上にはこんなに一杯お茶の道具が並んでいるの？」と、アリスは尋ねました。
　「正解」と、帽子屋。「ここではいつもティータイム。食器を洗う暇もないんだよ」
　「だから順々に席をずらしてテーブルの周りをまわっているのね？」と、アリス。
　「正解」と、帽子屋。
　「でもぐるっとまわって、もとの場所にもどったら、どうするの？」と、アリスは聞いてみました。
　「話題を変えないか？」と、三月ウサギが口をはさみました。「もう飽きた。このお嬢さんに、なにかお話をしてもらおうじゃないか」

"미안해요. 이야기라니, 저는 하나도 몰라요." 앨리스는 이 제안에 당황해서 말했습니다.

"그러면 겨울잠쥐, 네가 해봐!" 모자장수와 3월 토끼가 함께 소리쳤습니다. "일어나, 겨울잠쥐!" 겨울잠쥐는 느릿느릿 눈을 뜨고 "안 잔다고—"라고 말했습니다. "전—부, 잘 듣고 있었다니까."

"얘기해 줘." 3월 토끼가 말했습니다.

"부탁드려요!" 앨리스가 말했습니다.

"얼른 시작하라고." 모자장수가 말했습니다. "그러지 않으면 이야기가 끝나기 전에 너는 다시 푹 잠들어 버릴 거잖아."

14

"옛날 옛날에 세 명의 자매가 있었습니다." 겨울잠쥐는 허둥지둥 이야기를 시작했습니다. "이름은 엘시, 레이시, 틸리였습니다. 세 사람은 깊은 구멍 밑에 살고 있었습니다……"

"뭘 먹고 살았어?" 앨리스는 물었습니다. 평소부터 먹는다거나 마신다거나 하는 것에는 다른 사람보다 훨씬 관심이 있었으니까요.

"자매는 당밀을 먹고 살았습니다." 겨울잠쥐는 1, 2분 생각하고 나서 대답했습니다.

"그건 무리야." 즉시 앨리스는 말했습니다. "그렇게 먹으면 병이 생기고 말아."

"자매는 병을 앓고 있었습니다." 겨울잠쥐는 말했습니다. "아—주 큰 병에 걸렸습니다."

앨리스는 당밀만으로 살아간다는 것에 대해서 이모저모로 상상해 보았지만 역시 무리였습니다. 대신에 "어째서 자매는 깊은 구멍 밑에서 살았던 거지?"라고 질문했습니다.

■느릿느릿 のろのろ   ■당밀 糖蜜   ■이모저모 あれこれ

「ごめんなさい。お話なんて、わたし一つも知らないんです」と、アリスは、この提案にどぎまぎして言いました。

「それならヤマネ、お前がやれ！」と、帽子屋と三月ウサギが一緒に叫びました。「起きろよ、ヤマネ！」ヤマネはのろのろと目を開き、「寝てないよ～」と、言いました。「ぜ～んぶ、ちゃんと聞いてたからね」

「お話をしてくれ」と、三月ウサギ。

「お願いします！」と、アリス。

「さっさと始めろよ」と、帽子屋。「さもなきゃお話が終わる前に、おまえ、またコトンと眠っちゃうだろ」

「むかしむかし、3人の姉妹がいました」と、ヤマネはあわててお話を始めました。「名前は、エルシー、レイシー、ティリーでした。3人は深い穴の底に住んでいました……」

「何を食べていたの？」と、アリスは尋ねました。日ごろから、食べたり飲んだりすることには人一倍興味があったからです。

「姉妹は糖蜜を食べて生きていました」と、ヤマネは1、2分考えてから答えました。

「そんなの無理よ」と、すかさずアリスは言いました。「だってそれじゃ病気になっちゃうわ」

「姉妹は病気だったのです」と、ヤマネ。「すご～く重い病気にかかっていました」

アリスは、糖蜜だけで生きていくことをいろいろと想像してみましたが、やはり無理でした。かわりに、「なぜ姉妹は深い穴の底で暮らしていたの？」と、質問しました。

"차를 더 마실래?" 3월 토끼는 앨리스에게 말했습니다.

"나에게는 아직 차를 주지 않았는데요." 앨리스는 대답했습니다. "그러니까 더 마실 수도 없어요." 그때 앨리스는 생각했습니다. 홍차를 마시고 버터 바른 빵을 재빨리 먹어 치우는 게 가장 손쉬운 길이라고. 왜냐하면 앨리스에게 차를 따라 줄 것 같은 사람은 여기에는 아무도 없었으니까요. 그리고는 앨리스는 겨울잠쥐를 향해서 질문을 반복했습니다. "어째서 자매는 깊은 구멍 밑에서 살았던 거지?"

겨울잠쥐는 이번에도 1, 2분 생각한 후에 대답했습니다. "그것은, 당밀 구멍이었으니까요."

"그런 게 있을 리가 없잖아!"라고 말한 앨리스는 매우 화가 났습니다. 그러나 모자장수와 3월 토끼에게, "쉿! 쉿!"이라고 주의를 받았습니다. 이어서 겨울잠쥐는 말했습니다. "얌전하게 듣지 못하겠으면 자기가 마지막까지 얘기하는 게 어때?"

"당치도 않아. 어서 이야기를 계속해 주세요!" 앨리스는 말했습니다. "이제 입다물고 있을 테니까." 겨울잠쥐는 이야기를 이어가기로 했습니다.

"그리고 어린 세 자매는 그림 공부를 시작했습니다……"

"어떤 그림을 그렸어?" 앨리스는 방금 입다물겠다고 약속한 것을 완전히 잊어버리고 말했습니다.

"당밀이야." 겨울잠쥐는 말했습니다.

"깨끗한 컵이 필요해." 모자장수가 갑자기 말을 꺼냈습니다. "하나씩, 자리를 바꾸자."

그렇게 말하면서 모자장수는 옆 자리로 이동하기 시작했고 겨울잠쥐도 그 뒤를 이었습니다. 3월 토끼는 겨울잠쥐가 있었던 자리로 이동했고 앨리스는 마지못해 3월 토끼가 있던 자리로 이동했습니다.

■손쉬운 길 手っ取り早い方法　■당치도 않다 とんでもない

「お茶のお代わりはいかが？」と、三月ウサギはアリスに言いました。

「わたし、まだお茶をいただいていないんですけど」と、アリスは答えました。「だからお代わりはできません」　そこでアリスは考えました。紅茶をいただいて、バターを塗ったパンをさっさと食べてしまうのが、一番てっとり早いと。だって、だれもアリスにお茶を注いでくれそうな人はここにはいなかったからです。次にアリスは、ヤマネに向かって質問を繰り返しました。「なぜ姉妹は深い穴の底で暮らしていたの？」

ヤマネはまた1、2分考えてから答えました。「それは、糖蜜の穴だったのです」

「そんなのあるわけないでしょ！」と言って、アリスはすごく腹がたってきました。でも、帽子屋と三月ウサギに、「シーッ！　シーッ！」と言われてしまいました。次にヤマネは言いました。「おとなしく聞いていられないんだったら、自分で最後まで話したらどうだい」

「とんでもない。どうぞ続けてください！」と、アリス。「もう黙っていますから」　ヤマネはお話を続けることにしました。

「そして、3人の幼い姉妹は、お絵かきの勉強を始めました……」

「なんの絵を描いたの？」と、アリスは、たった今、黙っているという約束をしたことをすっかり忘れて言いました。

「糖蜜だ」と、ヤマネ。

「きれいなカップがほしいな」と、帽子屋が突然言い出しました。「いっこずつ、場所をずれよう」

そう言いながら、帽子屋は隣の席へ動き始め、ヤマネもそれに続きました。三月ウサギはヤマネのいた席に移動し、アリスはしぶしぶ、三月ウサギのいた席に移動しました。

　이렇게 자리를 바꿔서 득을 본 것은 모자장수뿐이었습니다. 왜냐하면 이동한 덕에 깨끗한 컵 앞에 앉을 수 있었으니까요. 앨리스의 자리는 최악이었습니다. 3월 토끼가 접시 위에 우유를 흘려 놓았기 때문입니다.

　앨리스는 아까처럼 겨울잠쥐의 기분을 상하게 하지 않으려고 조심스레 질문했습니다. "저기, 나는 말이야, 아무리 해도 알 수가 없는데요. 어째서 세 자매는 당밀 그림을 그린 거죠?"

　"그림 공부를 시작했으니까." 겨울잠쥐는 졸린 듯이 말했습니다. 상당히 지쳐 있었으니까요. "자매는 이런저런 것들을 그렸어. 전부, 머리글자가 M으로 시작하는 것을 말이지."

　"왜 M이야?" 앨리스는 물었습니다.

　"M이 뭐가 나쁘지?" 3월 토끼가 말했습니다.

　앨리스는 할 말을 잃었습니다. 겨울잠쥐는 드디어 눈을 감고 꾸벅거리기 시작했습니다. 그러나 모자장수에게 빰을 얻어맞고선 눈을 뜨고 이야기를 계속 했습니다.

　"……M이 붙는 단어는, 문(달)이라든지, 밀크라든지, 맨(남성) 등이 있어."

　앨리스는 슬슬 그 자리를 떠야 할 시간이 됐다고 생각했습니다. 왜냐하면 모두가 앨리스를 매우 무례하게 대했고, 겨울잠쥐가 계속 졸기만 하고 있는 것도 마음에 들지 않기 때문입니다. 앨리스가 테이블을 떠나왔지만 아무도 눈치 채지 못했습니다. 모두 함께 앨리스를 불러 세울지도 모른다고, 조금은 기대를 하고 한두 번 뒤를 돌아보았지만 아무도 알아채지 못했습니다. 마지막으로 뒤돌아봤을 때는 두 사람이 겨울잠쥐를 찻주전자 안으로 집어넣으려 하고 있는 것이 보였습니다.

　'이제 두 번 다시 저기에 가지 않을 거야!' 앨리스는 숲 속을 걸으면서 생각했습니다. '지금까지 중에서 가장, 미친 다과회였어!'

■득을 보다 得をする　■흘리다 こぼす　■꾸벅거리다 うとうとする　■마음에 들다 気に入る　■눈치 채다 気づく　■찻주전자 ティーポット

　この席替えで得をしたのは、帽子屋だけでした。だって移動したおかげで、きれいなカップの前に座ることができたからです。アリスの席は最悪でした。三月ウサギがお皿の上にミルクをこぼしてしまっていたからです。

　アリスは、さっきみたいにヤマネの機嫌を損ねないよう、遠慮がちに質問しました。「あのう、わたし、どうしてもわからないんですけど。なぜ3姉妹は、糖蜜の絵を描いたのですか?」

　「絵の勉強を始めたからだよ」と、ヤマネは眠そうに言いました。かなりくたびれてきたからです。「姉妹はいろいろなものを描いていた。ぜんぶ、Mの頭文字で始まるものをね」

　「なぜMなの?」と、アリス。

　「Mでなぜ悪い?」と、三月ウサギ。

　アリスは黙ってしまいました。ヤマネはついに目を閉じ、うとうとし始めていました。でも帽子屋にひっぱたかれて目をさまし、お話を続けました。

　「……Mのつく言葉は、ムーン(月)とか、ミルクとか、メン(男性)とかある」

　アリスは、そろそろ、おいとまする時間が来たと思いました。だって、みんなアリスに対してとてもぶしつけだったし、ヤマネが居眠りばかりしているのが気にくわなかったのです。アリスがテーブルを離れても、誰も気づきませんでした。みんなでアリスを呼びもどそうとしてくれるかもしれないと、ちょっとだけ期待して、1、2度振り返ってみたのですが、だれも気づいてくれませんでした。最後に振り返ったときには、2人でヤマネをティーポットの中に押し込もうとしているのが見えました。

　「もう二度とあそこへは行かないわ!」と、アリスは森の中を歩きながら思いました。「今までで一番、クレイジーなお茶会だったわ!」

　그렇게 말한 순간, 나무 하나의 몸통에 문
이 달려 있는 것을 발견했습니다. '어머, 신
기해라!' 앨리스는 생각했습니다. '하지만
오늘은 하나에서 열까지 이상한 일뿐이니까
여기를 빠져나가 볼까.' 그리고 앨리스는 문
안으로 들어갔습니다.

　이번에도 역시 앨리스는 그 좁고 긴 방에
와 있었습니다. 작은 유리 테이블 옆에 서 있
는 것입니다. "이번에야말로 제대로 할 거야." 앨리스는 중얼거리며 가장 먼저 작
은 금빛 열쇠를 집어 들고 정원으로 통하는 문을 열었습니다. 다음으로 버섯을 먹
고 정원을 향해서 걸어갈 수 있을 만큼의 크기까지 키를 작게 만들었습니다. 드디
어 앨리스는, 성공했습니다. 눈부신 꽃들이 흐드러지게 피어 있고, 차가운 물이 흐
르는 그 멋진 정원으로 나갈 수 있었던 것입니다.

■눈부시다 まぶしい　■흐드러지다 咲き乱れる

そう口にした瞬間、ある木の幹に扉が付いているのに気づきました。「まあ、不思議！」と、アリスは思いました。「でも、今日は何もかも不思議だらけだから、ここを抜けてみようかしら」　そして、アリスは扉の中に入りました。

またしてもアリスは、あの細長い広間にいました。小さなガラスのテーブルのそばに立っていました。「今度こそ、うまくやるわ」と、つぶやき、手始めに、小さな金色の鍵をつかんで、お庭に通じる扉を開けました。次に、キノコを食べて、庭に向かって歩いていけるだけの大きさにまで身長を縮めました。とうとうアリスは、成功しました。花々がまぶしく咲き乱れ、冷たいお水が流れる、あの素晴らしいお庭に出ることができたのです。

15

제 8 장

여왕폐하의 크로켓 경기장

정원 입구 가까이에는 커다란 장미 나무가 한 그루 서 있었습니다. 그 나무에는 흰 장미꽃이 피어 있었습니다. 그러나 트럼프 복장을 한 3명의 정원사가 부지런히 흰 장미들을 붉게 물들이고 있었습니다. 퍽이나 묘한 일을 하는구나 하는 생각에 앨리스는 그들에게 다가가서 관찰을 해보기로 했습니다. 그 옆까지 가 보니, 정원사 중 한 사람이, "이봐 5번, 나한테 페인트를 칠하려는 셈인가?"라고 말하는 소리가 들려왔습니다.

"미안." 5번이 말했습니다. "그런데 말이야, 7번이 내 팔에 부딪혀 왔다고." 모두 함께 이야기를 시작했을 때, 세 사람은 앨리스가 자기들을 보고 있다는 것을 알아차렸습니다. 정원사들은 앨리스 쪽을 향해 머리 숙여 인사를 했습니다.

"가르쳐 주시지 않으시겠어요?" 앨리스는 조심스럽게 물었습니다. "여러분은 왜 장미를 붉게 물들이고 계신 거예요?"

■정원사 庭師　■물들이다 染める　■관찰 觀察

第8章

女王陛下のクロッケー競技場

お庭の入口の近くには、大きなバラの木が一本立っていました。その木には白いバラの花が咲いていました。でも、トランプの服を着た3人の庭師が、せっせと白バラたちを赤く染めていました。ずいぶんとヘンなことをするものだと思い、アリスは近づいて観察することにしました。そばまで行くと、庭師の一人が、「おい5番、オレにペンキを塗るつもりか！」と言っているのが聞こえました。

「すまん」と、5番が言いました。「でもなあ、7番がオレの腕にぶつかってきたんだよ」 みんなで話し始めたとき、3人は、アリスが自分たちを見ていることに気づきました。庭師たちはアリスの方を振り向き、深々とお辞儀をしました。

「教えていただけませんでしょうか？」と、アリスはひかえめに尋ねました。「みなさんはなぜ、バラを赤く染めていらっしゃるのですか？」

5번과 7번은 말없이 2번(다른 한 사람의 정원사) 쪽을 보았습니다. 2번은 낮은 목소리로 이야기하기 시작했습니다. "아가씨, 들어봐. 이 나무는 원래 붉은 장미 나무였어야 했어. 그런데 실수로 흰 장미 나무를 심어 버렸어. 만약 여왕폐하가 흰 장미 나무를 심은 사실을 아시게 되면 우리 목은 그 즉시 날아가 버려. 그래서 폐하가 납시기 전에 열심히 붉게 칠하고 있는 거라고 ―." 그때 정원을 둘러보고 있던 5번이 소리쳤습니다. "여왕폐하야! 여왕폐하야!" 그리고는 세 사람은 땅바닥에 납작 엎드렸습니다. 많은 사람들의 발소리가 들려왔습니다. 여왕폐하의 모습을 한 번이라도 보자는 생각에 앨리스는 주변을 둘러보았습니다.

정원사들처럼 트럼프 복장을 한 사람이 많이 보였습니다. 선두는 관료들로, 그 다음이 호위병, 그리고 다음이 여왕폐하의 아이들이었습니다. 아이는 전부 10명 있었습니다. 그리고 손님들. 대체로 왕과 여왕이었습니다. 그 안에 흰 토끼가 섞여 있는 것을 앨리스는 발견했습니다. 흰 토끼는 담소를 나누느라 정신 없이 바빠서 앨리스가 있는 것을 눈치 채지 못하고 지나가 버렸습니다. 다음으로 하트의 잭이 행진해 왔습니다(그는 하트의 왕과 여왕폐하의 아들이었습니다). 그리고 이 대행렬 가장 마지막을 장식하는 것이 하트의 왕과 여왕폐하였습니다.

앨리스는 어찌할 바를 몰랐습니다. 정원사들처럼 땅바닥에 납작 엎드릴까도 생각해 봤지만 그렇게 했다가는 아무것도 보이지 않을 것 같아 선 채로 행렬을 기다리기로 했습니다.

행렬이 앨리스 옆으로 왔을 때, 일동은 멈춰서 앨리스를 바라보았습니다. 여왕폐하가 물었습니다. "이건 누구지?" 그렇게 질문을 받은 하트의 잭은 그저 고개를 숙이고 웃었습니다. 대답을 하는 이는 아무도 없었습니다.

그러자 여왕폐하는 앨리스를 향해 물었습니다. "이름은 뭐라고 하느냐, 거기 있는 아이?"

■나무를 심다 木を植える　■엎드리다 ひれ伏す　■호위병 護衛兵　■담소 談笑　■행렬 行列　■일동 一同

　5番と7番は無言で2番（もう一人の庭師）の方を見ました。2番は低い声で話し始めました。「お嬢ちゃん、いいかね。この木はもともと赤いバラの木のはずだったんだよ。でも間違えて白バラの木を植えてしまったんだ。もし女王陛下が白バラの木を植えたとお知りになったら、我々の首はすっ飛んでしまう。だから、陛下がいらっしゃる前に、せっせと赤に塗り変えていたんだよ——」そのとき、お庭を見わたしていた5番が叫びました。「女王陛下だ！　女王陛下だ！」　そして3人は、地面にひれふしました。大勢の足音が聞こえてきました。女王陛下の姿を一目見ようと思い、アリスはあたりを見わたしました。

　庭師たちのようにトランプの服を着ている人が大勢いるのが見えました。先頭は、廷臣たちで、その次が護衛兵、そして次が女王陛下の子どもたちでした。子どもは全部で10人いました。それから、お客さまたち。たいていは王様や女王様でした。その中に白ウサギがまじっているのにアリスは気づきました。白ウサギはしゃべったり、ほほ笑むのに大忙しで、アリスに気づきもしないで通り過ぎていきました。次に、ハートのジャックが行進して来ました（彼は、ハートの王様と女王陛下の息子でした）。そしてこの大行列の一番最後を飾るのは、ハートの王様と女王陛下でした。

　アリスはどうしてよいかわかりませんでした。庭師たちのように地面にひれふそうかとも思いましたが、そんなことをしたら、何も見えなくなるので、立ったまま、行列を待ちかまえることにしました。

　行列がアリスのそばに来たとき、一同は止まって、アリスを見つめました。女王陛下が尋ねました。「これは何者か？」　そう尋ねられたハートのジャックは、ただお辞儀をしてほほ笑みました。返事をするものは誰もいませんでした。

　そこで女王陛下は、アリスに向かって尋ねました。「名前はなんというのか、そこの子ども？」

"제 이름은 앨리스라고 합니다." 앨리스는 아주 예의 바르게 대답했습니다. 그러나 어차피 모두가 트럼프라고 생각하니 겁먹을 필요는 없을 것 같았습니다.

"그러면 이 자들은?" 여왕폐하는 장미 나무 주변에 넙죽 엎드려 있던 세 명의 정원사를 가리키며 말했습니다. 얼굴을 바닥에 붙이고 있었으므로 누구인지 알 수가 없었던 것입니다. 트럼프의 뒷면 모양은 모두 같았으니까요.

"어째서 제가 답을 알고 있을 거라고 생각하시는 겁니까?" 강한 어조로 앨리스는 질문했습니다.

여왕폐하는 노여움으로 새빨개져서는 고함쳤습니다. "이 녀석의 목을 베어라! 이 녀석의 목 —"

"제정신으로 말하는 거야?" 앨리스는 큰소리로 단호하게 말했습니다. 여왕폐하는 말문이 막히고 말았습니다.

국왕은 여왕폐하의 팔을 잡고 타일렀습니다. "저기, 당신. 아직 어린아이잖아!" 여왕폐하는 분노에 차서 외면을 하고는, 정원사들에게 일어서라고 명령했습니다. 세 명의 정원사는 즉시 벌떡 일어나, 왕, 여왕폐하, 왕가의 아이들, 그 밖의 모두에게 굽실굽실 절을 하기 시작했습니다.

"멈춰라!" 여왕폐하는 고함쳤습니다. 그리고 세 사람이 여기에서 무엇을 하고 있었는지를 물었습니다.

■겁먹다 怖がる、おびえる　■노여움 怒り　■타이르다 教え諭す、たしなめる　■외면 目を背けること　■굽실굽실 ぺこぺこ

「わたしの名前はアリスと申します」と、アリスはとてもていねいに答えました。でも、みんなしょせんトランプだと思うと、おびえる必要はないと思いました。

「して、この者どもは？」と、女王陛下は、バラの木のまわりではいつくばっている３人の庭師を指して言いました。顔を地面につけていたので、誰だかわからなかったのです。トランプの裏の模様は、みんな同じですから。

「なぜわたしが答えを知っているとお思いになるのですか？」と、強気になったアリスは質問しました。

女王陛下は怒りで真っ赤になり、叫びました。「こやつの首をはねよ！　こやつの首――」

「正気で言ってるの！」と、アリスは大声で、きっぱりと言いました。女王陛下は黙ってしまいました。

国王は女王陛下の腕に手を置き、さとしました。「ねえ、おまえ。まだ子どもなんだから！」　女王陛下は怒ってそっぽを向き、庭師たちに起き上がるよう命令しました。３人の庭師は、たちまち飛び起きて、王様、女王陛下、王家の子供たちやその他全員に、ぺこぺことお辞儀を始めました。

「やめよ！」と女王陛下はわめきました。そして、３人がここで何をしていたのかを尋ねました。

"우리는, 어떻게 해서든……" 2번이 말했습니다.

"알겠다!" 장미를 살펴보던 여왕폐하는 말했습니다. "이 자들의 목을 베어라!" 그리고 여왕폐하를 비롯해 전원이 다시 행진을 이어갔습니다. 세 명의 호위병은 정원사의 형을 집행하기 위해서 남았습니다. 정원사들은 도움을 청하며 앨리스 옆으로 달려와, 앨리스의 뒤로 몸을 숨겼습니다.

세 명의 호위병은 1, 2분 거닐면서 트럼프 카드들을 찾다가는 다시 행렬을 뒤쫓아 행진하러 갔습니다.

"목을 베었나?" 여왕폐하는 큰 목소리로 소리질렀습니다.

"목은 사라져 없어졌나이다." 호위병들은 큰 소리로 대답했습니다.

"자네는 크로켓을 할 수 있나?" 여왕폐하는 이어서 큰 소리로 말했습니다.

호위병들은 모두 말없이 앨리스 쪽을 보았습니다. 분명히 질문이 앨리스를 향한 것이라고 생각했기 때문입니다.

"할 수 있어요!" 앨리스는 외쳤습니다.

"그럼, 자, 이리 오너라!" 여왕폐하는 소리쳤습니다. 앨리스는 행렬을 따라서 갔지만 다음에 도대체 무슨 일이 벌어질지, 생각해 보았습니다.

"아주 날씨가 좋지요!"라고 말하는 소리가 앨리스의 옆에서 들려왔습니다. 앨리스는 흰 토끼 바로 옆에서 걷고 있었던 것입니다. 흰 토끼는 불안한 듯 앨리스의 얼굴을 엿보고 있었습니다.

"어어, 정말이네." 앨리스는 대답했습니다. "공작부인은 어디?"

"쉿, 조용히!" 흰 토끼는 앨리스에게 속삭였습니다. "그 분은 여왕폐하로부터 사형선고를 받았다고요."

"어째서 또 그런?" 앨리스는 말했습니다.

■형을 집행하다 刑を執行する　■사형선고 死刑宣告

「わたしどもは、何とかして……」と、2番は言いました。

「わかった！」と、バラを調べていた女王陛下は言いました。「この者たちの首をはねよ！」 そして、女王陛下始め、全員が、再び行進を続けました。3人の護衛兵は、庭師の刑を執行するために、残りました。庭師たちは助けを求めてアリスのそばに駆けより、アリスのうしろに身を隠しました。

3人の護衛兵は、1、2分歩き回ってトランプのカードたちを探しましたが、また行列を追って行進していきました。

「首をはねたか？」女王陛下は大声でわめきました。

「首は消え失せましてございます」と、護衛兵たちは大声で答えました。

「そなたはクロッケーができるか？」 女王陛下は続けて大声で言いました。

護衛兵たちは、みんな黙ってアリスの方を見ました。質問はあきらかに、アリスに向けられていると思ったからです。

「できます！」と、アリスは声をはりあげました。

「では、さあ、おいで！」 女王陛下は叫びました。アリスは行列について行きましたが、次にいったいどうなってしまうのかなあと考えました。

「とてもお天気がいいですね！」と言う声が、アリスのそばから聞こえてきました。アリスは、白ウサギのすぐ隣を歩いていたのです。白ウサギは不安げに、アリスの顔をのぞきこんでいます。

「ええ、ほんとうにね」と、アリスは答えました。「公爵夫人はどちら？」

「しーってば！」 白ウサギはアリスにささやきました。「あの方は、女王陛下から死刑の宣告をうけたんですよ」

「なんでまた？」とアリス。

"그 분은, 여왕폐하의 양쪽 귀를 갈기고 말았단 말이에요……" 토끼가 말했습니다. 앨리스는 우스워서 저도 모르게 웃음을 터뜨리고 말았는데, 곧장 토끼에게 저지당하고 말았습니다. "여왕폐하에게 들리겠어요! 실은 공작부인이 지각을 하는 바람에, 여왕폐하가 말씀하시길……"

"모두 위치에!" 여왕폐하가 큰 소리로 외쳤기 때문에 모두 뿔뿔이 흩어져 달리기 시작했습니다. 그러나 1, 2분 지나자 게임이 시작되었습니다.

16

앨리스는 태어난 이래로 이런 기묘한 크로켓 경기장은 본 적이 없었습니다. 지면은 울퉁불퉁하고 크로켓 공은 살아 있는 고슴도치였습니다. 공을 치는 채는 살아 있는 플라밍고였습니다. 공이 통과해야 하는 아치는 호위병들이 몸을 활처럼 구부려 손과 발을 땅바닥에 대고 있는 것이었습니다.

그 무엇보다 곤란한 것은 플라밍고를 잡는 방법이었습니다. 간신히 앨리스는 플라밍고의 몸통을 겨드랑이에 끼고, 다리는 축 늘어뜨리는 데까지는 할 수 있었습니다. 그러나 목을 곧게 뻗게 해서 그 머리로 고슴도치를 딱하고 치려고 하면, 그럴 때마다 플라밍고는 불쑥 고개를 비틀어 앨리스의 얼굴을 바라보는 것입니다. 납득할 수 없다는 표정으로 앨리스의 얼굴을 가만히 쳐다보았기 때문에 앨리스는 저도 모르게 웃음이 터져 나오는 것을 참을 수 없었습니다. 게다가, 막상 플라밍고에게 머리를 밑으로 향하게 해서 다시 한 번 치려 했으나 이번에는 고슴도치가 촐랑거리며 나가 버리고 마는 식이었습니다. 그것뿐만이 아니라 병정들은 병정들대로, 시도 때도 없이 일어서서는 경기장 다른 곳으로 총총거리며 걸어가 버리는 것입니다. 드디어 앨리스는 이래서는 지극히 어려운 시합이 될 것이라는 결론을 내리기에 이르렀습니다.

■갈기다 ひっぱたく ■뿔뿔이 흩어지다 ばらばらになる ■울퉁불퉁하다 でこぼこしている
■불쑥 ひょいと ■촐랑거리다 ちょこちょこ動く ■총총거리다 せかせか歩く

「あの方は、女王陛下の両耳をひっぱたいてしまったんですよ……」と、ウサギは言いました。アリスはおかしくて、思わず吹き出してしまいましたが、すぐにウサギに止められてしまいました。「女王陛下に聞こえてしまうじゃないですか！　実は、公爵夫人は遅刻してしまって、女王陛下がおっしゃったこととは……」

「位置に着け！」女王陛下が大声をあげたので、みんな、てんでんばらばらに走り出しました。でも、1、2分すると、ゲームが開始しました。

アリスにとって、生まれてこのかた、こんなヘンテコなクロッケー競技場は見たことがありませんでした。地面はでこぼこで、クロッケーのボールは生きたハリネズミでした。ボールを打つクラブは、生きたフラミンゴです。ボールをくぐらせるアーチは、護衛兵たちがからだを弓なりにまげ、手と足を地面につけているのです。

何より困ったのは、フラミンゴの持ち方でした。やっとのことで、アリスは、フラミンゴの胴体を小脇にかかえこみ、脚はだらりとたらすところまでできるようになりました。でも、首をまっすぐ伸ばさせ、その頭でハリネズミをコツンとやろうとすると、きまってフラミンゴは、ひょいっと首をねじってアリスの顔をのぞき込むのです。けげんな顔つきでアリスの顔をじっと見つめるので、アリスは思わず吹き出さずにはいられませんでした。それに、いざフラミンゴに頭を下げさせてもう一度やり直そうとしても、今度はハリネズミがちょこまか出て行ってしまうという具合です。それだけではなく、兵隊たちときたら、しょっちゅう起き上がって、競技場の他の場所にすたすた歩いていってしまうのです。とうとうアリスは、これはきわめて難解な試合だという結論に達しました。

경기를 하는 이들은 동시에 플레이를 하고 있어서 툭하면 말다툼을 했습니다. 갑자기 여왕폐하는 벌컥 울화통을 터트리고 여기저기를 걸어다니면서 "이 남자의 목을 베어라!"라는 둥, "이 여자의 목을 베어라!"라고 목소리를 높이기에 이르렀습니다.

앨리스는 점점 침착함을 잃어갔습니다. 현재로서는 여왕폐하와의 사이에서 특별한 문제가 발생하지는 않았으나 언제 그렇게 될지 알 수 없었습니다. 그렇게 된다면 자신의 목숨이 위태로워질 거란 생각이 들었습니다.

'이곳 무리들은 목이 날아가는 걸 너무 좋아하니깐.' 앨리스는 생각했습니다. '아직 살아 있는 사람이 있다는 게 신기할 정도야.'

앨리스는 주위를 둘러보고 도망갈 길이 있는지 찾아 보았습니다. 누구에게도 들키지 않고 없어지는 방법은 없을까, 생각했습니다. 하지만 그때 기묘한 존재를 발견했습니다. 1, 2분 지켜보고 있자니 그것이 바로 히죽거리는 웃음이라는 것을 알아챘습니다. 그때 앨리스는 중얼거렸습니다. "체셔 고양이다. 이걸로 얘기할 수 있는 상대가 생겼어."

"여어, 컨디션은 좀 어때?" 고양이가 물었습니다.

고양이 모습이 다 나타났을 때, 앨리스는 플라밍고를 밑으로 내려뜨리고 게임에 대해서 이야기하기 시작했습니다. 이야기를 들어주는 상대가 있다는 것이 매우 기뻤던 것입니다. 앨리스는 고양이에게 일어난 일들을 모두 이야기했습니다. 그리고 고슴도치가 달려 도망가 버려서 곤혹을 치렀다는 것도 이야기했습니다.

"여왕폐하를 좋아하니?" 고양이는 목소리를 죽이며 물었습니다.

"전혀." 앨리스는 말했습니다. "그렇잖아, 저 사람, 너무나도……"

마침 그때 앨리스 바로 옆에 여왕폐하가 와서 귀를 쫑긋 세우고 있다는 사실을 눈치 챘습니다. 그래서 앨리스는 말을 이었습니다. "……능숙하니까 반드시 우승하실 게 틀림없다니까. 마지막까지 시합하는 게 의미가 없을 정도라고." 여왕폐하는 빙긋 웃고는 그 자리를 떴습니다.

■울화통 怒り、堪忍袋　■위태롭다 危ない　■들키다 見つかる　■귀를 쫑긋 세우다 耳をぴんと立てる　■능숙하다 上手だ　■빙긋 웃다 にっこり笑う

　競技者はみな、同時にプレイをしており、ひっきりなしに口げんかをしています。たちまち女王陛下は癇癪（かんしゃく）をおこし、あちこち歩きまわりながら、「この男の首をはねよ！」だの、「この女の首をはねよ！」と声をはりあげるしまつです。

　アリスはだんだん落ち着かない気分になってきました。今のところ、女王陛下との間でとくに問題は起こっていませんが、いつそうなるかわかりません。そうしたら、自分の命も危ないと思いました。

　「ここの連中ときたら、首をはねるのが大好きだから」と、アリスは思いました。「まだ生きている人がいるのが不思議なくらいだわ」

　アリスはあたりを見わたして、逃げ道を探しました。誰にも気づかれずにいなくなる方法はないか、考えました。でもそこで、奇妙な存在に気がつきました。1、2分見つめていると、それはあの、ニヤニヤ笑いだということがわかりました。そこでアリスはつぶやきました。「チェシャーネコだわ。これで話し相手ができる」

　「やあ、調子はどうだい？」と、ネコは尋ねました。

　ネコの姿がまるごと現れたとき、アリスはフラミンゴを下におろして、ゲームのことを話し始めました。話を聞いてくれる相手がいることが、とてもうれしかったのです。アリスはネコに、起こったことをすべて話しました。そして、ハリネズミが走って逃げていってしまい、大変だったことも話しました。

　「女王陛下が好きかね？」と、ネコは声をひそめて聞きました。

　「ぜんぜん」と、アリスは言いました。「だって、あの人、あまりにも……」

　ちょうどそのとき、アリスのすぐそばに女王陛下が来て、聞き耳を立てているのに気づきました。そこでアリスは続けました。「……おじょうずだから、間違いなく優勝されるに決まっているもの。試合を最後までやる意味がないぐらいだわ」　女王陛下はにっこり笑って、立ち去りました。

"누구를 향해서 말하는 거냐?" 왕이 앨리스 옆으로 다가와 고양이 얼굴을 수상쩍다는 듯이 바라보며 말했습니다.

"제 친구인 체셔 고양이입니다." 앨리스는 대답했습니다. "소개하는 걸 허락해 주십시오."

"이 얼굴은 완전 비위에 거슬려." 왕은 말했습니다. "하지만 이 손에 입맞출 것을 허하노라."

"모처럼의 기회입니다만, 사절하겠습니다." 고양이가 대답했습니다.

"무례한 놈." 왕이 말했습니다. "그리고 그런 눈빛으로 나를 보지 말라!" 그렇게 말하면서 왕은 앨리스 뒤로 숨어 버렸습니다.

"고양이에게도 폐하를 볼 권리가 있으며," 앨리스가 말했습니다. "그렇다는 걸 언젠가 책에서 읽은 적이 있습니다. 하지만 책 제목은 기억나지 않아요."

"으응. 그렇다면 바꾸지 않으면 안 되겠군." 왕이 말했습니다. 그리고 마침 옆을 지나가던 여왕폐하를 불러 세웠습니다. "여보, 당신! 이 고양이를 다른 데로 보내 주지 않겠소?"

여왕폐하의 답은 한 가지였습니다. "그 놈의 목을 베어라!" 여왕폐하는 고개도 돌리지 않은 채 말했습니다.

"짐이 직접, 처형 집행인을 데려 오도록 하마." 왕은 그렇게 말하고는 급히 그 자리를 떴습니다. 앨리스는 크로켓 시합이 어떻게 되고 있는지 신경이 쓰여서 보러 가기로 했습니다. 여왕폐하의 성난 목소리는 멀리서도 들려왔습니다. 앨리스는 이미 선수 세 명의 목을 베라고, 여왕폐하가 처형 집행인에게 명령하는 것을 들었습니다.

앨리스는 다른 모두가 경기장에서 무엇을 하고 있는지 알 수 없었기 때문에, 좌우간 우선은 자기의 고슴도치를 찾으러 가기로 했습니다.

■수상쩍다 怪しい、いぶかしい ■비위에 거슬리다 気に障る ■신경이 쓰이다 気になる
■좌우간 とにかく

「誰に向かって話しておるのじゃ？」王様がアリスのそばに来て、ネコの顔をうさんくさそうに眺めて言いました。

「わたしのお友だちの、チェシャーネコさんです」とアリス。「紹介させてくださいな」

「この顔は、まったく気に食わんな」と、王様。「だが、この手に接吻を許してつかわすぞ」

「せっかくですが、お断りします」と、ネコは答えました。

「無礼者め」と、王様は言いました。「それに、そんな目つきでわしを見るな！」　そう言いながら王様は、アリスのうしろに隠れてしまいました。

「ネコにも王様を見る権利あり」　アリスは言いました。「って、いつか本で読んだことがあります。でも本の名前を思い出せません」

「うむ。それは変えなくてはいかんな」と、王様。そして、ちょうどそばを通りかかった女王陛下を呼びとめました。「のう、おまえ！　このネコをよそへやってくれんかな！」

女王陛下の答えは一つでした。「そやつの首をはねよ！」　女王陛下は見向きもせずに言いました。

「このわし自ら、処刑人を連れてまいろう」と言って、王様は急いで立ち去りました。アリスはクロッケーの試合がどうなったのか気になったので、見にもどることにしました。女王陛下のどなり声は、遠くからでも聞こえてきます。アリスは、すでに3人の選手の首をはねるよう、女王陛下が処刑人に命令しているのを聞いていました。

アリスは、みんなが競技場で何をしているのかわからなかったので、まずはとにかく、自分のハリネズミを探しに行くことにしました。

앨리스의 고슴도치는 다른 고슴도치와 한창 다투는 중이었습니다. 앨리스는 자기의 고슴도치를 다른 한 마리에게 맞힐 수 있는 절호의 찬스라고 생각했습니다. 단 한 가지 문제는 앨리스의 플라밍고가 정원 반대편으로 달아나 버린 것이었습니다. 플라밍고는 나무로 날아오르려 하고 있었습니다.

앨리스가 플라밍고를 잡았을 때는 고슴도치의 싸움은 끝난 다음이었고, 두 마리 모두 사라져 버린 상태였습니다. "뭐, 그다지 상관없어." 앨리스는 중얼거렸습니다. "그렇잖아, 아치를 만들고 있던 병정들도 경기장 이쪽에서 모두 사라져 버린 걸." 그래서 앨리스는 플라밍고가 도망가지 못하도록 겨드랑이에 꽉 끼고서 친구인 고양이가 아까 있던 쪽으로 돌아갔습니다. 또 다시 함께 이야기를 나누고 싶었기 때문입니다.

앨리스가 체셔 고양이가 있는 곳으로 돌아가 보니, 놀랍게도 고양이 주위에는 많은 사람들이 모여 있었습니다. 아무래도 처형 집행인과 왕, 여왕폐하 사이에서 무엇인가 논쟁이 벌어지고 있는 듯했습니다. 세 명이 동시에 기염을 토하고 있어서 다른 사람들은 모두 말없이 불안스럽게 그 모습을 지켜보고 있었습니다.

앨리스가 나타나자마자 세 사람은 일제히 앨리스에게 이야기하기 시작했습니다. 그때까지 모두가 이야기하던 것까지 전부 앨리스에게 전해졌습니다. 전원이 한꺼번에 목소리를 높이고 있었기 때문에 무슨 얘기를 하는지 분간하는 것만으로도 벅찬 일이었습니다.

■논쟁 論争　■기염을 토하다 気炎を吐く、勢いよく話す　■분간하다 区別する

　アリスのハリネズミは、別のハリネズミとケンカの真っ最中でした。アリスは、自分のハリネズミを、もう一匹にぶつける、絶好のチャンスだと思いました。唯一の問題は、アリスのフラミンゴが、お庭の反対側に逃げて行ってしまったことでした。フラミンゴは木に飛び上がろうとしていました。

　アリスがフラミンゴを捕まえたころには、ハリネズミのケンカは終わっていて、2匹ともいなくなっていました。「まあ、別に構わないわ」と、アリスはつぶやきました。「だって、アーチを作っていた兵隊さんたちも、競技場のこっち側からみんないなくなってしまったんですもの」　そこでアリスは、逃げられないよう、がっちりとフラミンゴを小脇に抱え、さっきの友だちのネコのところにもどりました。また一緒におしゃべりがしたかったからです。

　アリスがチェシャーネコのところにもどってみると、驚いたことに、ネコのまわりには大勢の人だかり。どうやら処刑人と王様と女王陛下との間で、なにやら議論がくりひろげられているようでした。3人とも同時にまくしたてており、他の人たちはみんな、黙ったまま、不安げに見守っていました。

　アリスが現れるやいなや、3人はいっせいに、アリスに話し始めました。これまでみんなで話していたことも、ぜんぶアリスに伝えました。全員、いっぺんにまくしたてるものですから、何を言っているのか、聞き分けるだけでも大変でした。

형 집행인의 주장은, 몸체가 없으므로 목을 베는 것은 무리라는 것이었고, 더욱이 이제까지 그런 일을 해본 적이 없어서 이제 와서 그런 역을 맡다니, 딱 질색이라는 것이었습니다. 왕의 주장은, 목이 붙어 있는 자는 어떤 자든 간에 목을 벨 수 있다는 것이었습니다. 여왕폐하는 여왕폐하대로, 즉시 업무를 수행하지 않으면 여기에 있는 전원의 목을 자르라고 형 집행인에게 명하겠다고 성을 내고 있었습니다.

앨리스는 할 말을 잃고 말았습니다. 그런데도 이것만은 말했습니다. "체셔 고양이는 공작부인이 키우는 고양이니까 공작부인에게 물어야 한다고 생각합니다."

"그 자는 감옥에 들어가 있다." 여왕폐하가 형 집행인에게 말했습니다. 그리고 공작부인을 데려오라고 명령했습니다.

형 집행인이 자리를 뜨자마자 고양이 머리는 슬쩍 불평을 늘어놓기 시작했습니다. 그리고 집행인이 공작부인을 데리고 돌아왔을 때는 그 모습이 흔적도 없이 사라져 버렸습니다. 왕과 집행인은 정색을 하고 여기저기 찾아 돌아다녔지만, 다른 사람들은 모두 슬슬 크로켓 시합으로 돌아갔습니다.

■정색을 하다 むきになる

　処刑人の言い分は、胴体がないので、首をはねるのは無理な相談。それに、今までそんなことはやったことがないので、いまさらそんなお役はまっぴらごめん。王様の言い分は、頭がついているものはなんだって、首をはねられるはず。女王陛下といったら、ただちにことを起こさなければ、ここにいる全員の首を切り落とすよう処刑人に命じると、わめいています。

　アリスは言葉を失ってしまいました。でも、これだけは言いました。「チェシャーネコは、公爵夫人の飼いネコですから、公爵夫人に聞くべきだと思います」

　「あやつは牢屋に入っている」と、女王陛下は処刑人に言いました。そして、公爵夫人を連れてまいれと命令しました。

　処刑人が立ち去るやいなや、ネコの頭はすうっーとぼやけ始めました。そして、処刑人が公爵夫人を連れてもどってきたころには、ネコの姿はあとかたもなく消えていました。王様と処刑人は、やっきになってあちこち探しまわりましたが、他の人たちはみな、ぞろぞろとクロッケーの試合にもどって行きました。

열을 받을 대로 받은 상태였습니다. (p.82, 1行目)
かなり頭にきていたのです。

【解説】「-(으)ㄹ 대로」は、「대로」の前後に同じ用言を入れて、ある状態がひどくなっていることを表す。

【例文】

① 지칠 대로 지친 마음
   疲れ果てた心

② 그 둘의 애정은 식을 대로 식었다.
   その二人の愛情は冷めきっていた。

● 「-(으)ㄴ/는 대로」が「ある様子や状態をそのままにして」の意味で使われる場合

> 기대했던 대로 부채와 흰 장갑 두세 짝이 놓여 있었던 것입니다.
> (p.48, 下から5-4行目)
> 期待どおり、扇子と、2、3組の白手袋が置かれていたのです。
>
> 앨리스가 바라던 대로 되었습니다. (p.50, 7行目)
> アリスの願い通りになりました。

【例文】 ① 들은 대로 이야기하다.
          聞いたとおりに話す。

       ② 당신 좋을 대로 하십시오.
          あなたの好きなようにしてください。

입을 벌리는 것조차 힘겨웠습니다. (p.84, 9-10行目)
口を開けるのさえ一苦労でした。

【解説】「조차」は、すでにあることが含まれていて、その上に加わることを表す。一般的に予想しにくい極端な場合までもが含まれることを表す。

① 그는 편지는커녕 제 이름조차 못 쓴다.

　　彼は手紙どころか自分の名前さえ書けない。

② 그녀와 헤어진다는 것은 생각할 수조차 없는 일이다.

　　彼女と別れるなんて考えられないことだ。

그럴 때마다 키는 커졌다가 작아졌다가 했으나 （p.90, 5行目）
身長はそのたびに伸びたり縮んだりしましたが

【解説】「-다가 -다가」は、二つ以上の事実が代わる代わる起こることを表す。

【例文】

① 날씨가 덥다가 춥다가 한다.

　　暑かったり寒かったりする。

② 그녀는 책을 읽으며 울다가 웃다가 시간 가는 줄 몰랐다.

　　彼女は本を読みながら泣いたり笑ったりして、時間が経つのも忘れてしまった。

앨리스는 저도 모르게 배를 잡고 웃다가 （p.94, 1行目）
思わず笑いころげたアリスは（直訳：アリスは思わずお腹を抱えて笑ったが）

【解説】「-다가」はある行動が続く中、その行動が中断されたり、他の行動に変わったりするときに使う。「-가」が省略される場合もある。

【例文】

① 아이는 공부를 하다가 잠이 들었다.

　　子どもは勉強をしている途中で寝てしまった。

② 차를 타고 가다가 친구를 보았다.

　　車に乗って行く途中、友達を見かけた。

覚えておきたい韓国語表現

재채기를 하는가 싶더니 끊임없이 울어대고 있었습니다. (p.98, 4行目)
くしゃみをしてはひっきりなしに泣きわめいていました。

【解説】「-는가 싶더니」は、先行節と後続節の内容が相反するか、違う内容のときに使う。

【例文】

① 그림자가 할긋 보이는가 싶더니 어느새 사라지고 없다.
影がちらっと見えるかと思ったらいつのまにか消えている。

② 비가 오는가 싶더니 날이 개었다.
雨が降るかと思ったら晴れた。

계속 응애응애 울어 대고 있어서 (p.100, 5行目)
ずっとワーワーと泣きわめいていたので

【解説】「-아/어 대다」は、ある行動をやりすぎるほど続けるときに使う。主に否定的な意味を表すため、肯定的な状況で使うと不自然である。また、礼儀をわきまえるべき状況などでは使わない方がいい。動詞のみに付く。

【例文】

① 하루 종일 전화질을 해 대다.
一日中電話をかけ続ける。

② 어둠 속에서 휘파람을 불어 대다.
暗闇の中で口笛を吹き続ける。

아기를 공중으로 던져 올렸다가는 밑에서 잡고 하는 통에 (p.102, 1-2行目)
赤ん坊を空中に放りあげては受け止めているものですから

【解説】「-는 통에」は、ある否定的な結果が生じた状況や原因を表す。たいてい複雑であわただしい状況や状態の中で後続節の出来事が起きるときに使う。動詞のみ

に付く。

【例文】

① 밤새 쥐가 달가닥대는 통에 잠을 잘 수 없었다.

　一晩中ネズミがガタガタと音を立てて眠れなかった。

② 아이들이 이 방 저 방으로 뛰어다니는 통에 정신이 없다.

　子どもたちが部屋から部屋へと走り回っているので気が気でない。

이런 곳에 올 리가 없잖아 （p.106, 下から6-5行目）
こんなところに来るはずがない

【解説】「-(으)ㄹ 리가 없다」は、過去の経験から判断すると前の内容が明確な事実
ではないと思うときや信じられないときに使う。「-가」が省略される場合もある。

【例文】

① 대인 관계와 업무 능력이 감안된다면 이번 승진에서 그가 빠질 리가 없다.

　対人関係と業務能力を考慮すれば、今回の昇進で彼が外れるわけがない。

② 만나면 싸우는데 일이 제대로 굴러갈 리가 있겠습니까?

　会うたびに喧嘩するのに、仕事がまともに進むはずがあるでしょうか？（進むはずがないでしょう。）

그렇게 말하려고 한 참이야 （p.116, 下から7行目）
そう言おうとしていたところ

【解説】「-(으)ㄴ/-던 참이다」は、他の人が何かを提案した「その時間に」、もしくは
「近い未来」へあることをしようと計画したり意図しているときに使う。動詞のみ
に付く。

【例文】

① 집에 가려던 참이다.

　家に帰ろうとしたところだ。

② 그녀는 직장에서 막 돌아온 참인 듯 채 화장도 지우지 않은 얼굴이었다.

彼女は仕事から帰ってきたばかりのようで、化粧も落としていない顔だった。

여왕폐하는 말문이 막히고 말았습니다. (p.134, 下から8-7行目)

女王陛下は黙ってしまいました。

【解説】「말문이 막히다 (言葉に詰まる)」は、言葉が口から出なくなることを表す慣用句。

*「할 말을 잃다 (言葉を失う)」も同じ意味で使われる。

【例文】

① 나는 그 소식에 말문이 막히고 말았다.

私はその知らせに口がふさがってしまった。

② 그의 조리 있는 대답에 그만 말문이 막혔다.

彼の筋道立った返事にもう返す言葉がなかった。

제 3 부

17

제 9 장

가짜 바다거북 이야기

"어머, 너! 다시 만나서 정말 반갑구나!" 공작부인은 앨리스의 팔짱을 끼고는 같이 걸으면서 말했습니다.

공작부인이 이렇게나 친절하게 대하니까 앨리스도 너무 기뻤습니다. 부인을 부엌에서 만났을 때, 부인이 매우 성이 나 있었던 것은 틀림없이 후추 때문일 거라고 생각했습니다.

"만일 내가 공작부인이었다면" 앨리스는 혼잣말을 했습니다(너무나 되고 싶다고 생각하고 있지는 않은 느낌으로). "부엌에는 절대로 후추를 놓아두지 않겠어. 수프에도 말이지, 후추를 넣지 않아도 맛있는 걸. 사람들이 신경질적이게 되는 것은, 언제든 후추 때문일지도 몰라." 이러한 새로운 발상에 만족하면서 앨리스는 혼잣말을 이어갔습니다.

앨리스는 어느새인지 모르게 공작부인에 대해서 완전히 잊어 버리고 있었습니다. 부인이 앨리스의 귓가에 속삭였을 때는 약간 놀랄 정도였습니다. "저기 말이야, 아가씨, 너, 뭔가 생각하고 있는 거지? 그러니까 얘기하는 것을 잊어 버리고 마는 거야. 그게 어째서 예의에 어긋난 행동인지에 대해서는 지금 당장 말할 수 없지만, 금세 생각이 날 거야."

■가짜 にせ、まがい物　■신경질적이다 神経質だ　■귓가 耳元

第9章

海ガメもどきの話

「まあ、あなた！　またお会いできてほんとうにうれしいこと！」と、公爵夫人は、アリスの腕に自分の腕をからめ、一緒に歩きながら言いました。

公爵夫人がこんなに親しげなので、アリスはとてもうれしく思いました。夫人の台所で会ったとき夫人がすごくおかんむりだったのは、きっとコショウのせいに違いないと思いました。

「もしわたしが公爵夫人だったら」と、アリスはひとりごとを言いました（すごくなりたいと思っている感じではなく）。「台所には絶対に、コショウを置かないことにするわ。スープだってコショウを入れなくてもおいしいし。人がぴりぴりしてしまうのは、いつだってコショウのせいかもしれないわ」と、この新しい思いつきに満足しながら、アリスはひとりごとを続けました。

アリスはいつのまにやら、公爵夫人のことをすっかり忘れてしまっていました。夫人がアリスの耳もとでささやいたときには、ちょっとびっくりしました。「ねえ、お嬢ちゃん、あなた、なにか考えごとをしているわね。だからおしゃべりを忘れてしまうのよね。それがどうしてお行儀が悪いことなのか、今すぐには言えないけど、すぐに思い出すわね」

"어쩌면 예의에 어긋난 행동이 아닐지도 몰라요." 앨리스는 말했습니다.

"저기, 잠깐 기다려 보라고, 아가씨!" 공작부인이 말했습니다. "생각만 제대로 한다면, 무슨 일이라도 정당한 이유가 있는 법이라고." 그렇게 말하면서 부인은 조금씩 더 앨리스의 곁으로 가까이 다가왔습니다.

앨리스는 공작부인과 이렇게 딱 붙어 있는 것이 그다지 좋지는 않았습니다. 부인은, 말하자면, 머리를 앨리스의 어깨에 털썩 올려놓을 수도 있었는데, 그 머리가 굉장히 딱딱했기 때문입니다. 그러나 앨리스는 예의 바르게 행동하자고 생각해서 아무 말도 하지 않았습니다.

"크로켓 시합은 상당히 좋아졌네요." 앨리스는 대화가 끊기지 않게 하려고 신경 쓰면서 말했습니다.

"그렇군." 공작부인은 이렇게 말하고는 계속 이야기했습니다. "내가 왜 팔을 너의 허리에 두르지 않는지 이상하게 여기고 있겠지. 그건 말이지, 네 플라밍고의 기분이 신경 쓰이기 때문이란다. 확인해 볼까?"

"물릴지도 몰라요." 앨리스는 대답했습니다. 공작부인이 확인하는 것을 바라지 않았기 때문입니다.

"그렇군." 공작부인은 말했습니다.

한참 시간이 지난 후에 부인이 물었습니다. "또 생각 중?" 공작부인은 머리를 앨리스의 어깨에 털썩 올려놓았습니다.

"저 역시 생각하려고 하면 생각할 수 있어요." 앨리스는 당황해하며 말했습니다. 약간 불안해졌기 때문입니다.

그 순간, 앨리스가 깜짝 놀랄 일이 벌어졌습니다. 공작부인이 덜덜 몸을 떨기 시작한 것입니다. 앨리스의 어깨에 둘렀던 팔도 거두었습니다. 올려다보니 여왕폐하가 장승 같이 두 사람 앞에 서 있었습니다.

■정당한 이유 正当な理由　■털썩 どっかりと　■두르다 巻く、まわす　■덜덜 ぶるぶる
■장승 チャンスン《村の入り口に立つ人の顔を刻んだ一対の柱》

「もしかしたら、お行儀が悪いことではないかもしれません」と、アリス。

「ねえ、ちょっと待って、お嬢ちゃん！」と、公爵夫人。「考えさえしたら、どんなことだって、ちゃんと理由があるものよ」 そう話しながら、夫人はますますアリスの近くにすり寄ってきます。

アリスは、公爵夫人にこんなにぴったりとくっつかれるのはあまり好きではありませんでした。だって夫人ときたら、頭をアリスの肩にどかっとのせることができたし、その頭はものすごく固かったからです。でも、アリスは礼儀正しくしておこうと思い、何も言いませんでした。

「クロッケーの試合は、かなりよくなってきましたね」 アリスは会話をもたせようと気遣って言いました。

「たしかに」と、公爵夫人は言ったあと、続けました。「わたしがどうして腕をあなたの腰にまわさないのか、不思議に思っているでしょう。それはねえ、あなたのフラミンゴの御機嫌が気にかかるからなのよ、ためしてみましょうか？」

「かみつかれるかもしれませんよ」と、アリスは答えました。公爵夫人にためしてほしくなかったからです。

「たしかに」と、公爵夫人。

しばらく間があいたあと、夫人は尋ねました。「また考えごと中？」と言って、頭をアリスの肩にどっかりとのせてきます。

「わたしだって、考えようと思ったら、考えられます」と、アリスはあわてて言いました。ちょっと不安になってきたからです。

その瞬間、アリスがびっくりしたことに、公爵夫人がぶるぶると震えだしたのです。アリスの肩にまわしていた腕もひっこめました。見上げると、仁王立ちになった女王陛下が二人の前に立っていました。

"아주 화창한 날씨가 아닙니까!" 공작부인은 꺼져 들어가는 목소리로 인사말을 건넸습니다.

"여봐라, 잘 들어라." 여왕폐하는 발을 쿵쿵 구르면서 말했습니다. "네가 사라지든지, 네 목이 날아가든지! 어서 고르지 못하겠느냐!" 공작부인은 바로 선택했고, 순식간에 사라져 버렸습니다.

"그럼 게임을 계속하도록 할까?" 여왕폐하는 앨리스를 향해 말했습니다. 앨리스는 겁에 질려 말이 나오지 않았습니다. 그러나 여왕폐하를 따라서 크로켓 경기장으로 느릿느릿 돌아갔습니다.

다른 손님들은 쉬는 중이었습니다. 하지만 여왕폐하의 모습이 보이자마자 모두 서둘러 게임으로 돌아왔습니다. 여왕폐하는 그들이 쉬고 있는 것을 봤기 때문에, 만일 또 다시 쉰다면, 이번에는 목이 날아갈 거야! 라고 경고했습니다.

경기 중에 여왕폐하는 툭하면 다른 선수와 싸움을 했습니다. 혹은 "이 녀석의 목을 베어라!"라든지, "이 계집의 목을 베어라!"라고 고함을 질렀습니다. 선고가 내려진 자는 병정들에게 끌려 나갔습니다(그렇게 하려면 당연히 병정들은 아치 형태를 그만두어야 했습니다). 그런 이유로 30분 정도 지나자, 아치는 전부 없어져 버렸고, 왕과 여왕폐하와 앨리스를 제외하면 전원이 끌려 나가고 말았습니다.

여왕폐하는 거기에서 시합을 그만두었습니다. 상당히 지쳐 있었던 것입니다. "가짜 바다거북과는 벌써 만났느냐?" 앨리스에게 물었습니다.

"아니요." 앨리스는 대답했습니다. "가짜 바다거북이란 게 뭔지도 모르겠어요."

"가짜 바다거북 수프의 재료란다." 여왕폐하가 말했습니다.

"그런 거 본 적도, 들어 본 적도 없어요." 앨리스가 말했습니다.

"그럼, 좀 더 가까이 오렴." 여왕폐하가 말했습니다. "이 녀석에게 자기 이야기를 하게 하라."

■발을 (쿵쿵) 구르다　足を (どすんどすん) 踏み鳴らす　■겁에 질리다　おびえる

「けっこうなお日和でございますね！」と、公爵夫人は、消え入るような声であいさつしました。

「よいか、よく聞け」と、女王陛下は足をふみならしながら言いました。「おまえがいなくなるか、おまえの首が飛ぶかだ！　さっさと選ぶのじゃ！」公爵夫人はすぐに選択して、あっという間に消えてしまいました。

「それではゲームを続けるとするか」と、女王陛下はアリスに向かって言いました。アリスはおびえて言葉が出ませんでした。でも、女王陛下について、クロッケー場へとのろのろともどって行きました。

ほかのお客たちは、休憩中でした。でも、女王陛下の姿が見えたとたん、みんな大急ぎでゲームにもどりました。女王陛下は、彼らが休憩しているのを見ていたので、もしまた休憩したら、今度は首が飛ぶぞ！　と警告しました。

競技中、女王陛下はひっきりなしに他の選手とケンカをしていました。または、「こやつの首をはねよ！」とか、「この女の首をはねよ！」と叫んでいました。宣告を下された者は、兵隊たちに連れ出されました（そうするためには当然、兵隊たちはアーチをやめなければなりませんでした）。そういうわけで、30分もすると、アーチは全部なくなってしまい、王様と女王陛下とアリスをのぞいた全員が、連行されてしまいました。

女王陛下はそこで試合をやめました。ずいぶんとくたびれてしまったのです。「海ガメもどきとはもう会ったかい？」と、アリスに尋ねました。

「いいえ」と、アリス。「海ガメもどきって、何のことなのかもわかりません」

「海ガメもどきスープの材料だよ」と、女王陛下。

「そんなの見たことも聞いたこともありません」と、アリス。

「さあ、もっと近う寄れ」と、女王陛下は言いました。「こやつに身の上話をさせてやろう」

두 사람이 함께 그 자리를 떠날 때, 앨리스에게는 왕이 목소리를 낮춰 모두에게 이렇게 말하는 소리가 들려왔습니다. "전원 석방이다."

"정말 잘됐어!" 앨리스는 중얼거렸습니다. 여왕폐하가 내린 사형선고가 너무 많아서 완전히 얼이 나가 있었던 것입니다.

얼마 지나지 않아, 햇볕을 쬐면서 새근새근 잠들어 있는 그리폰이 있는 곳으로 갔습니다.

"일어나거라!" 여왕폐하가 명령했습니다. "이 아가씨를 가짜 바다거북에게 안내하고 그 녀석의 이야기를 들려 주도록 하라. 짐은 돌아가서 명을 내린 처형을 지켜봐야 하니까." 여왕폐하는 앨리스를 그리폰과 단둘이 남겨 놓고 가버렸습니다. 앨리스는, 이 생명체를 겉으로 본 느낌으로는 그다지 취향에 맞지 않았습니다. 하지만 여왕폐하를 따라가는 것이나 그리폰과 함께 있는 것이나 안전 면에서는 그리 다를 것 같지 않아서 여기에서 기다리기로 했습니다.

그리폰은 일어나서는 눈을 비벼 닦고, 여왕폐하가 보이지 않을 때까지 배웅했습니다. 그리고 키득키득 웃으며, "이상한 일이야"라고 말했습니다.

"뭐가?" 앨리스가 물었습니다.

■석방 釈放　■새근새근 すやすや　■그리폰 グリフォン《ギリシア神話に登場する鷲の頭と翼を持ち胴体がライオンの怪物》　■단둘이 二人きりで　■눈을 비비다 目をこする　■배웅하다 見送る

　二人が連れだって立ち去るとき、アリスには、王様が声をひそめて一同にこう言っているのが聞こえました。「全員釈放じゃ」

　「ほんとうによかった！」と、アリスはつぶやきました。女王陛下が言い渡した死刑宣告のあまりの多さに、すっかり気がめいっていたのです。

　ほどなく、日向ぼっこをしてすやすやと眠っているグリフォンのところにやってきました。

　「起きよ！」と、女王陛下は命令しました。「このお嬢さんを海ガメもどきのところへご案内し、やつの話を聞かせてやるのじゃ。わらわはもどって、命じておいた処刑を見とどけねばならぬ」　女王陛下は、アリスをグリフォンと二人きりにして、立ち去ってしまいました。アリスは、この生きものは、見た感じ、あまり好みではありませんでした。でも、女王陛下についていくのも、グリフォンと一緒にいるのも、安全面ではさして変わらないと思えたのでここで待つことにしました。

　グリフォンは起き上がって、目をこすって洗い、女王陛下が見えなくなるまで見送りました。それから、くっくっと笑い、「おかしいよな」と言いました。

　「なにが？」と、アリスは尋ねました。

"뭐가라니, 저 여자 말이야." 그리폰이 말했습니다. "목을 칠 생각만 갖고 있어. 그런데 실제로는 누구 하나 처형 같은 거 하지 않는다고. 알겠지? 자, 이리와!"

'여기에서는 모두, "자, 이리와"라고 말하는군.' 앨리스는 그리폰의 뒤를 따라 터벅터벅 걸어가면서 생각했습니다. "나는 태어나서 지금까지, 이렇게 많이 명령을 받아 본 적이 한 번도 없어. 정말로!"

잠시 걷다 보니, 멀리에서 가짜 바다거북의 모습이 보였습니다. 작은 바위 위에 홀로 쓸쓸하게 덩그러니 앉아 있었습니다. 다가가 보니, 마치 훌쩍거리며 울고 있는 듯한 슬픈 목소리를 내고 있었습니다. 앨리스는 불쌍한 생각이 들어, "왜 그렇게 슬퍼하고 있는 거지?"라고 그리폰에게 물었습니다. 그러자 그리폰은 아까와 거의 같은 식으로 대답을 했습니다. "사실은 전혀 슬퍼하지 않고 있어. 알겠지? 자, 이리와!"

그리고 둘은 가짜 바다거북 옆으로 다가갔습니다. 가짜 바다거북은 커다란 눈에 눈물을 글썽거리며 말없이 두 사람을 바라보았습니다.

"이쪽의 아가씨가" 그리폰이 말했습니다. "네 신세 타령을 듣고 싶어 한다네."

"얘기를 들려 주마." 가짜 바다거북은 깊게 가라앉은 목소리로 말했습니다. "거기에 앉아 봐. 두 사람 다. 이야기가 끝날 때까지 한 마디도 끼어들어선 안 돼."

두 사람은 자리에 앉았고, 몇 분 동안, 아무도 한 마디도 하지 않았습니다. 앨리스는, '시작하지 않으면 영원히 이야기는 끝나지 않을 텐데'라고 생각했지만, 참을성 있게 기다리기로 했습니다.

■터벅터벅 とぼとぼ ■덩그러니 ぽつんと ■훌쩍거리다 すすり泣く ■눈물을 글썽거리다 涙ぐむ ■신세 타령 自分の身の上を嘆くこと

「なにって、あの女だよ」と、グリフォンは言いました。「首を切り落とすつ
もりになっているだけなんだよ。でも実際には、だれ一人処刑なんかしていな
いんだ。わかるだろう。さあおいで！」

「ここではみんな、『さあおいで』って言うのね」と、アリスはグリフォン
のあとをとぼとぼついて行きながら思いました。「わたし、生まれてこのかた、
こんなにたくさん命令されたことなんか一度もなかった、ほんとうに！」

ちょっと行くと、遠くに海ガメもどきの姿が見えてきました。小さな岩の
上にひとりさびしくぽつんと座っていました。近づいていくと、まるですすり
泣いているような悲しい声を出していました。アリスはかわいそうになって、
「なぜあんなに悲しんでいるの？」と、グリフォンに尋ねました。するとグリ
フォンは、さっきとほとんど同じセリフで答えました。「ほんとはちっとも悲
しくなんかないんだよ。わかるだろう。さあおいで！」

そしてふたりは、海ガメもどきのそばに近づきました。海ガメもどきは、大
きな目にうるうると涙をためて、無言で二人を見つめました。

「こちらのお嬢ちゃんが」と、グリフォンは言いました。「おまえさんの身の
上話を聞きたがってるよ」

「話して聞かせよう」と、海ガメもどきは、深く沈んだ声で言いました。「そこ
に座りなさい、ふたりとも。話が終わるまで、一言も口をはさんじゃいかんぞ」

ふたりは腰をおろし、数分間、誰も一言も言いませんでした。アリスは、「始
めなければ、永遠にお話は終わらないのに」と思いましたが、しんぼう強く待
つことにしました。

"옛날에는" 가짜 바다거북은 깊은 한숨을 내쉰 뒤에 무거운 입을 열었습니다. "나는 진짜 바다거북이었어."

이 말을 한 후에 길고 긴 침묵이 흘렀습니다. 가끔씩 그리폰이 "휘쿠루루!"라고 고성을 질렀고, 끊임없이 훌쩍거리는 가짜 바다거북의 갑갑한 울음소리가 울려 퍼졌습니다.

앨리스는, "무척이나 흥미로운 이야기를 해줘서 고맙습니다"라고 말하고 자리에서 일어설 뻔했지만, 분명히 아직 이야기가 남아 있을 게 틀림없다는 생각에 그대로 묵묵히 앉아 있어 보기로 했습니다.

"어릴 때는 말이지." 가짜 바다거북은 드디어 이야기를 진행시켰습니다. 여전히 때때로 훌쩍거리면서도 아까보다는 약간 밝은 어조였습니다. "바닷속에 있는 학교에 다녔지. 선생님은 할아버지 바다거북이었지만, 우리는 선생님을 '산거북 선생님'이라고 불렀어."

"어째서 바다거북인데 산거북이라고 부른 거야?" 앨리스는 물어보았습니다.

"그저 그렇게 부르고 싶었기 때문이지." 가짜 바다거북은 뽀루퉁하게 성을 내며 대답했습니다. "정말이지 너란 녀석은, 재미없는 녀석이구나!"

"당연한 질문을 하다니, 창피하지도 않니?" 그리폰은 한술 더 떠서 말했습니다. 그리고 두 마리는 말없이 앉은 채로, 나는 어쩌면 이렇게 바보 같을까, 하는 생각에 침울해진 가여운 앨리스를 멀뚱하게 쳐다보았습니다. 이윽고 그리폰은 가짜 바다거북에게 "이봐, 노인장, 어서 뒷얘기를 들려줘. 날이 저물어 버린다고!"라고 말했습니다. 그래서 가짜 바다거북은 다음과 같이 이어갔습니다.

"그래, 우리는 바닷속에 있는 학교에 다녔어. 아마 믿지 못할 수도 있겠지만……"

■한숨을 내쉬다 ため息をつく　■무거운 입을 열다 重い口を開く　■묵묵히 黙って　■침울하다 憂うつだ　■멀뚱하게 쳐다보다 ぼーっと見つめる　■노인장 尊老、ご老体

「昔は」と、海ガメもどきは深いため息をついたあと、重い口を開きました。「わしはほんものの海ガメだった」

　この言葉のあと、長い長い沈黙が続きました。ときおりグリフォンが、「ヒュイックルル！」という叫び声をあげ、ひっきりなしにすすり泣く海ガメもどきの重くるしい泣き声が響きました。

　アリスは、「とても興味深いお話をありがとうございました」と言って立ち上がりそうになりましたが、きっとまだお話の続きがあるに違いないと思い、そのまま黙って座っていることにしました。

　「子どものころはな」と、海ガメもどきはとうとう先を続けてくれました。まだときどきすすり泣きながらも、さっきよりもちょっと明るい口調でした。「海の中にある学校に通っていたんだ。先生はおじいさん海ガメだったけど、先生のことをわしらは、『山ガメ先生』って呼んでいた」

　「どうして海ガメなのに山ガメって呼んでいたの？」と、アリスは聞いてみました。

　「ただそう呼びたかったからさ」と、海ガメもどきはぷりぷり怒って答えました。「まったくあんたは、つまらないやつだなあ！」

　「わかりきった質問をして、はずかしくないのかい」と、グリフォンも追い打ちをかけます。それから2匹は黙って座ったまま、わたしってなんておバカさんなんだろうと思って沈みこんでいるかわいそうなアリスをじっと見つめました。やがてグリフォンは海ガメもどきに、「ほら、じいさん。はやく続きを話してくれよ。日が暮れちまう！」と言ったので、海ガメもどきは次のように続けました。

　「そう、わしらは海の中にある学校に通っていたんだ。たぶん信じてくれないだろうがね……」

"믿지 못하다니, 저는 그런 말을 한 기억은 없어요!" 앨리스는 소리를 질렀습니다.

"말했어." 가짜 바다거북이 말했습니다.

"시끄러워!" 그리폰이 앨리스가 되받아 치기 전에 끼어들었습니다. 가짜 바다거북은 뒤를 이어갔습니다.

"우리는 말이지, 최고의 교육을 받았어. 매일 거르지 않고 학교에 갔지……"

"나도 매일 학교에 다니고 있어요." 앨리스는 말했습니다. "누구든 매일 학교에 가는 게 당연해요. 보통 그렇잖아요."

"그렇다면 너는 프랑스어나 음악을 공부했니?" 적잖게 불안해하며 가짜 바다거북은 앨리스에게 물었습니다.

"네-" 앨리스는 대답했습니다. "배웠어요."

"그럼 세탁은?" 가짜 바다거북이 물었습니다.

"물론 배우지 않았어요!" 앨리스는 대답했습니다.

"이것봐, 말했잖아! 네가 다니는 학교는 일류 학교가 아니었던 거야." 기쁜 듯이 가짜 바다거북이 말했습니다. "그런데 우리 학교에서는 프랑스어도, 음악도, 세탁도, 그 밖에 다른 과목과 함께 가르쳐 주었다고."

"그런데 뭣 때문에 '세탁' 같은 걸 선택하고 싶었던 거예요?" 앨리스는 물었습니다. "생각해 보라고요, 바다 밑에 살았잖아요."

"돈이 없어서 세탁을 선택할 수 없었지." 가짜 바다거북은 슬픈 듯이 말했습니다. "내가 배운 것은 보통 과목뿐이었어."

"그건 어떤 과목이죠?" 앨리스가 물었습니다.

"먼저, 읽고 쓰기." 가짜 바다거북은 대답했습니다. "거기에다 이런저런 종류의 수학과 추태학이지."

■적잖게 少なからず、ちょっとは

「信じられないなんて、わたしそんなこと言った覚えはありません！」と、アリスは声をはりあげました。

「言ったよ」と、海ガメもどき。

「うるさい！」と、グリフォンが、アリスが言い返そうとする前に口をはさみました。海ガメもどきは、先を続けました。

「わしらはな、最高の教育を受けておった。毎日欠かさず学校に行っていたのだ……」

「わたしだって、毎日学校に通っています」と、アリス。「だれだって毎日学校に通うものよ。それが普通でしょ」

「それならおまえさんは、フランス語や音楽を勉強したかい？」と、いささか不安そうに、海ガメもどきはアリスに尋ねました。

「ええ」と、アリスは答えました。「習いました」

「じゃあ洗濯は？」と、海ガメもどき。

「もちろん習ってません！」と、アリス。

「ほら言っただろう！　あんたの学校は、一流の学校じゃなかったんだって」と、うれしそうに海ガメもどき。「一方、わしらの学校ではな、フランス語も、音楽も、洗濯も、ほかの科目に加えて教えてくれたんじゃ」

「でもなんだって、“洗濯”なんか選択したかったのですか？」と、アリスは尋ねました。「だって海の底に暮らしていたんでしょ」

「金がなかったから、洗濯を選択することはできなかったんだ」と、海ガメもどきは悲しそうに言いました。「わしが習えたのは、普通科目だけだった」

「それはどんな科目？」と、アリス。

「まずは読み書き」と、海ガメもどきは答えました。「それに、いろいろな種類の数学と醜化学だ」

"추태학이라니, 처음 들었어." 앨리스는 말했습니다. "어떤 공부죠?"

그리폰은 깜짝 놀라 앨리스의 얼굴을 올려다보며, "'추태학'을 모른다고?"라고 소리를 높여 말했습니다. "너는 '미화하다'라는 말을 알고 있는 거니?"

"물론이에요." 앨리스는 대답했습니다. "무엇인가를 아름답게 만드는 거잖아요."

"그런데" 그리폰은 말을 이었습니다. "'추태화 ─ 추하게 하다'의 의미를 모른다니 정말 너란 애는 이상해."

앨리스는 이제 더 이상 이 화제에 관한 질문을 하고 싶지 않아서 가짜 바다거북 쪽을 향해서, 그 밖에 학교에서 무엇을 배웠는지 물었습니다.

"그렇지. 역사도 배웠어." 가짜 바다거북은 대답했습니다. "고대와 현대의 역사 말이야. 거기에다 회화 수업도 있었어. 담임은 붕장어 선생님이었고, 일주일에 한 번 있는 수업이었어."

"매일, 몇 시간 정도 수업이 있었어요?" 앨리스는 물었습니다.

"첫째날은 10시간이었고" 가짜 바다거북은 말을 이었습니다. "이틀째는 9시간, 그런 식이었어."

"요상스런 시간표네요!" 앨리스는 소리쳤습니다. 그러나 이것이 앨리스에게는 너무나 신선한 사고방식이었으므로, 다음 질문을 하기 전에 잠시 생각한 뒤에 다음과 같이 물었습니다.

"그렇다는 것은, 11일째는 쉬는 날이 되겠네요."

"물론이야." 가짜 바다거북은 말했습니다.

"그럼 12일째는 어떻게 했어요?" 앨리스가 물었습니다.

"수업에 대한 이야기는 이미 충분해." 그리폰은 딱 잘라 말했습니다. "다음은 이 아이에게 놀이에 대한 이야기를 해줘."

■미화하다 美化する　■추하게 하다 醜くする

「醜化学なんて、初めて聞いたわ」と、アリス。「どんなお勉強なんですか？」

グリフォンはびっくりしてアリスの顔を見上げ、「"醜化学"を知らないなんて！」と、大声をあげました。「あんたは、『美化する』という言葉は知っているかい？」

「もちろんよ」と、アリス。「何かを美しくすることでしょ」

「それなら」と、グリフォンは続けました。「『醜態化──醜くする』の意味がわからないなんて、ほんとうにあんたはヘンだな」

アリスはもうこれ以上、この話題に関する質問をしたくなかったので、海ガメもどきの方を向いて、他に学校で習ったことについて尋ねました。

「そうじゃな。歴史も習った」と、海ガメもどきは答えました。「古代と現代のだ。それに絵画の授業もあった。担任はアナゴ先生で、週一回の授業だった」

「毎日、何時間ぐらい授業があったんですか？」と、アリス。

「1日目は10時間で」と、海ガメもどき。「2日目は9時間で、といった具合さ」

「へんてこりんな時間割ですね！」と、アリスは叫びました。でも、これはアリスにとって、まったく新鮮な考え方だったので、次の質問をする前に少し考えてから、こう尋ねました。

「ということは、11日目はお休みになりますね」

「もちろんじゃ」と、海ガメもどき。

「それじゃあ12日目はどうしたんですか？」と、アリスは聞きました。

「授業の話はもう十分」と、グリフォンはきっぱりと言いました。「次は、この子に遊びの話をしてやりな」

19

제10장

바닷가재 카드리유 댄스

가짜 바다거북은 깊은 한숨을 내쉬었습니다. 앨리스를 바라보며 무엇인가 말하려다가 1, 2분 흐느껴 우는 바람에 목소리가 나오지 않았습니다. 그리폰이 가짜 바다거북의 몸을 잡고 흔들어 보기도 하고 때려 보기도 했더니 겨우 목소리를 낼 수 있게 되었습니다. 눈물이 볼을 타고 흘러내리는 와중에 가짜 바다거북은 다시 이야기를 이어갔습니다.

"바다 밑에서 살았던 경험은 그다지 없을지도 모르겠지만……"

"없어요." 앨리스는 말했습니다.

"……바닷가재를 소개받은 적도 없었던 게지……"

("한 번 먹어……"라고 말하려다가 퍼뜩 정신이 들어 그만두고 허둥대며 대답했습니다. "한 번도 없어요.")

"그렇다는 건, 바닷가재 카드리유 댄스가 얼마나 멋진지도 상상할 수 없겠구나!"

"네-, 전혀." 앨리스는 말했습니다. "그게 어떤 춤이에요?"

"그건 말이지." 그리폰이 말했습니다. "먼저 해안을 따라 일렬로 서지."

■흐느껴 울다 泣きじゃくる　■흘러내리다 流れ落ちる　■와중에 渦中に、〜するなか　■일렬로 一列に

第10章

ロブスターのカドリーユダンス

　海ガメもどきは深いため息をつきました。アリスを見つめてなにか言おうとしましたが、1、2分泣きじゃくって声が出ません。グリフォンが海ガメもどきをゆさぶったり、たたいたりしたら、ようやく声が出るようになりました。涙が頬をつたい落ちるなか、海ガメもどきは再び先を続けました。

「海の底で暮らしたことはあまりないかもしれないが……」
「ないです」と、アリス。
「……ロブスターに紹介されたこともないようだな……」
（「一度食べ……」と言いかけましたが、はっとしてやめ、あわてて答えました。「一度もないです」）
「ということは、ロブスターのカドリーユダンスの素晴らしさは想像できないだろうな！」
「ええ、ぜんぜん」と、アリス。「それって、どんな踊りなんですか？」
「それはね」とグリフォン。「まず海岸に沿って一列に並ぶ」

"2열이야!" 가짜 바다거북이 말했습니다.

"그걸 하려면 언제나 시간이 걸려." 그리폰이 말했습니다. "다음으로 2보 앞으로 나아가……"

"바닷가재와 짝을 이뤄!" 그리폰이 외쳤습니다.

"물론이야." 가짜 바다거북이 말했습니다.

"다시 2보 전진, 체인지 파트너. 같은 순서로 뒤로 물러서." 그리폰이 말했습니다.

"그다음은 말이지." 가짜 바다거북은 말을 이었습니다. "던지는 거야……"

"바닷가재들을!" 그리폰은 큰 소리로 외쳤습니다.

"……있는 힘껏 바다 위로!"

"그런 후 바닷가재들을 쫓아 헤엄쳐!" 그리폰이 절규했습니다.

"그리고 바닷속에서 몇 번이나 재주넘기!" 가짜 바다거북이 소리를 치며 되는 대로 뛰어올랐습니다.

"다시 한 번 바닷가재를 맞바꿔!" 그리폰의 날카로운 금속성 목소리.

"그리고 육지까지 되돌아와서, 거기에서 — 댄스의 맨 처음 부분이 마지막." 가짜 바다거북이 서둘러 목소리를 낮추어 말했습니다. 그렇게 두 마리는 방금 전까지도 미친 듯이 날뛰더니 이상스러울 정도로 슬픔에 잠겨 묵묵히 앉아서 앨리스를 바라보았습니다.

"아주 멋진 춤인 거죠." 앨리스는 조심스럽게 말했습니다.

"살짝 봐볼 텐가?" 가짜 바다거북이 말했습니다.

"네, 꼭 보고 싶어요." 앨리스는 말했습니다.

"이리 와봐. 첫 부분을 해볼 테니까!" 가짜 바다거북이 그리폰에게 말했습니다. "바닷가재들 없이도 할 수 있지. 누가 노래하지?"

■재주넘기 とんぼ返り　■미친 듯이 날뛰다 狂ったように騒ぎまわる

「2列じゃよ！」と、海ガメもどき。

「これにはいつも時間がかかる」と、グリフォンは言いました。「次に2歩前へ進み……」

「ロブスターとペアになって！」と、グリフォンが叫びました。

「もちろんじゃ」と、海ガメもどき。

「また2歩進んで、チェンジパートナー。同じ順序でうしろに下がる」と、グリフォン。

「それからじゃったな」と、海ガメもどきは続けます。「投げるのじゃ……」

「ロブスターたちを！」と、グリフォンは大声で叫びました。

「……思いっきり沖のほうへ」

「それから、ロブスターたちを追いかけて泳ぐ！」と、グリフォンが絶叫。

「そして海の中で何度もとんぼ返りして！」と、海ガメもどきがわめいて、めちゃくちゃ飛び跳ねました。

「もう一度ロブスターを取っかえて！」と、グリフォンの金切り声。

「それから陸までもどって、そこで——ダンスの最初のところが終了」と、海ガメもどきが、急に声を落として言いました。そうして2匹は、ついさっきまで狂ったかのように跳ねまわっていたのに、妙に悲しげに黙りこくって座り、アリスを見つめました。

「とても素敵な踊りなんでしょうね」と、アリスはおずおずと言いました。

「ちょっとだけ見てみたいかね？」と、海ガメもどき。

「はい。ぜひお願いします」と、アリス。

「おいで。出だしのところをやってみよう！」と、海ガメもどきがグリフォンに言いました。「ロブスターたちなしでもできるじゃろ。だれが歌う？」

"아아, 네가 노래 불러 줘." 그리폰이 말했습니다. "나는 가사를 잊어 버렸어."

그리고 두 마리는 앨리스의 주위를 빙글빙글 돌며 춤추기 시작했습니다. 가끔은 너무 가까이 다가와서 앨리스의 발을 밟으면서 계속 춤을 췄습니다. 가짜 바다거북은 매우 천천히 슬픈 듯이 이렇게 노래했습니다 —

"좀 더 빨리 걷지 못해?" 대구는 고둥에게 말했습니다.
"돌고래가 뒤에 버티고서 내 꼬리를 밟고 있다고.
봐봐, 바닷가재와 바다거북들이 간다, 즐거워 보여!
모두 해변을 걷고 있어 — 자, 우리도 같이 춤출까?
　　춤추자, 안 춰, 춤추자, 안 춰, 함께 춤추자고?
　　춤추자, 안 춰, 춤추자, 안 춰, 함께 춤추자고?"

"너한테는 이해가 안 되겠지만, 우리는 바닷가재들과 함께 바다 위에 던져지면 기분이 최고야!"
　그러나 고둥은 대답했습니다. "너무 멀어, 너무 멀단 말이야!" 그리고 눈을 딴 데로 돌리고 말았습니다.
　그런 후에 대구에게 정중히 예를 표하고 댄스를 멈추었습니다.
　　안 춰, 못 춰, 안 춰, 못 춰, 댄스는 그만.
　　안 춰, 못 춰, 안 춰, 못 춰, 댄스는 그만.

■가사 歌詞　■빙글빙글　ぐるぐる

「ああ、おまえさんが歌っておくれよ」とグリフォン。「おれは歌詞を忘れちまった」

　そうして2匹は、アリスのまわりをぐるぐる踊り始めました。ときどき近づきすぎてアリスの足をふみつけたりしながら踊り続けました。海ガメもどきは、とてもゆっくり悲しげにこう歌いました——

　「もうちょっと早く歩けない？」と、タラは巻き貝に言いました、
　「イルカがうしろにつっかえて、ぼくのしっぽを踏んでるの。
　みてみて、ロブスターや海ガメたちが行く、楽しそう！
　みんな浜辺を歩いてる——さあ、ぼくたちも一緒に踊ろうよ？
　　踊ろう、踊らない、踊ろう、踊らない、一緒に踊ろうよ？
　　踊ろう、踊らない、踊ろう、踊らない、一緒に踊ろうよ？」

　「きみにはわからないだろうけど、ぼくたち、ロブスターたちと一緒に沖に投げ込まれたら、サイコーの気分だよ！」

　でも、巻き貝は答えました。「遠すぎ、遠すぎるよ！」そして目をそらしてしまいました。

　それからタラにていねいにお礼を言って、ダンスは辞退しました。
　　踊らない、踊れない、踊らない、
　踊れない、ダンスはご辞退。
　　踊らない、踊れない、踊らない、
　踊れない、ダンスはご辞退。

"멀리까지 던져지면 곤란해?" 대구는 친구인 고둥에게 말했습니다.

"바다 건너에 또 다른 해안이 있단다.

영국에서 멀어지면 멀어질수록 프랑스와 가까워져."

사랑스러운 고둥 군, 파랗게 질리지 말고 함께 춤추자.

춤추자, 안 춰, 춤추자,

안 춰, 함께 춤추자고?

춤추자, 안 춰, 춤추자, 안 춰,

함께 춤추자고?"

"청해줘서 고마워. 모두의 댄스를 보고 있는 것만으로도 즐거웠어." 겨우 춤이 끝났으므로 앨리스는 안도의 한숨을 깊이 쉬면서 말했습니다. "더욱이 대구의 기괴한 노래도 마음에 들었어!"

"아아, 그렇지." 가짜 바다거북은 말했습니다. "대구는 본 적이 있지?"

"어-" 앨리스는 답했습니다. "늘 보고 있어요. 저녁바……"까지 말하고 허둥지둥 입을 다물었습니다.

"'저녁바'라는 장소는 모르는데." 가짜 바다거북은 말했습니다. "늘 보고 있다는 건 당연히 어떤 생김새인지 안다는 거겠네."

"안다고 생각해요." 앨리스는 이리저리 머리를 굴리면서 대답했습니다. "꼬리를 입에 물고 있어요."

"그 말대로야. 대구네들은 꼬리를 입에 물고 있지. 그 이유는 말이지……" 가짜 바다거북은 슬슬 피곤해져서 눈을 감았습니다. "이유를 전부 설명해 줘."그리폰에게 말했습니다.

■청하다 誘う、招待する　■생김새 顔立ち

「遠くまで飛ばされたら困るの?」と、タラは友人の巻き貝に言いました。
「海のかなたにまた別の海岸があるんだよ。
イギリスから遠くなればなるほど、フランスに近づくんだ」
いとしい巻き貝君、青ざめていないで一緒に踊ろうよ。

　　　踊ろう、踊らない、踊ろう、
　　　　　　踊らない、一緒に踊ろうよ?
　　　踊ろう、踊らない、踊ろう、踊らない、
　　　　　　一緒に踊ろうよ?

「誘ってくれてありがとう。みんなのダンスを見ているだけで楽しかったわ」
と、やっとダンスが終わってくれたので、アリスはかなりホッとして言いました。「それに、タラのへんてこな歌も気に入ったわ!」
「ああ、そうだ」と、海ガメもどき。「タラは見たことがあるよね?」
「ええ」と、アリス。「しょっちゅう見てますよ。晩ごは……」と言いかけ、あわてて口をつぐみました。
「『バンゴハ』の場所は知らんが」と、海ガメもどき。「しょっちゅう見てるってことは、当然、どんな風貌かわかるよね」
「わかると思います」　アリスはよく考えながら答えました。「尾を口にくわえています」
「そのとおりじゃ。タラどもは尾を口にくわえておる。そのわけはじゃな……」　そろそろ海ガメもどきはくたびれてきたので、目をつぶりました。「理由を全部説明してやれ」と、グリフォンに言いました。

20

"그 이유는" 그리폰이 말을 이었습니다. "요컨대 말이야, 대구들은 바닷가재들과 댄스를 하러 가버렸어. 그래서 모두 함께 바다 건너편으로 풍덩 던져지고 말았지. 긴 거리를 계속해서 떨어지는 바람에 너무나 안달이 나서 자기 꼬리를 입으로 꽉 물어버린 거지. 그래서 다시는 입에서 떨어지지 않게 된 거야. 이걸로 끝."

"고마워." 앨리스는 말했습니다. "굉장히 재미있었어. 대구에 대해서 지금까지 전혀 몰랐었거든."

"더 얘기해 줘도 되는데." 그리폰이 말했습니다. "왜 대구라고 하는지 알고 있어?"

"생각해 본 적도 없어." 앨리스는 대답했습니다. "왜?"

"부츠나 구두를 닦아서야." 그리폰은 성실하게 사실을 말하는 어조로 말했습니다.

앨리스는 도통 종잡을 수가 없었습니다. "부츠나 구두를 닦는다고?" 자기 자신을 향해 되물었습니다.

"아가씨는 구두를 닦을 때 뭘 사용하지?" 그리폰이 물었습니다. "즉, 어떻게 해야 구두가 번쩍번쩍 빛난다고 생각해?"

앨리스는 모두를 내려다보며 잠시 생각한 끝에 대답했습니다. "'블래킹 ― 구두약'을 써서 광을 낸다고 생각하는데."

"그렇지, 부츠나 구두는. 바다 밑에서는 검게 만드는 블래킹 대신에 하얗게 만드는 화이팅들이 해주거든."

"만약 내가 대구였다면" 좀전의 노래가 머리에서 떠나지 않는 앨리스가 말했습니다. "돌고래한테 분명히 말해 줬을 거라고 생각해. '조금 더 뒤로 물러서 줘! 붙어 있지 말고!'"

"아니, 돌고래와 떨어질 수는 없어." 가짜 바다거북이 말했습니다. "똑똑한 물고기라면 돌고래 없이는 아무 데도 안 간단 말이지."

■안달이 나다 はらはらする　■성실하다 まじめだ　■광을 내다 光を出す、磨く

「その理由は」と、グリフォンが続けます。「つまりだな、タラたちはロブスターたちとダンスに行ってしまったんだよ。それでみんな一緒に海のかなたにポーンと投げ込まれたんだ。長い距離をずーっと落っこちたんで、あせりまくって自分の尾をがしっと口にくわえたのさ。それで二度と口から離せなくなってしまった。おしまい」

「ありがとう」と、アリス。「すごくおもしろいわ。タラのことを今までぜんぜん知らなかったから」

「もっと話してやってもいいんだよ」と、グリフォン。「どうしてタラっていうのか知っているかい？」

「考えたこともなかったわ」と、アリス。「どうして？」

「ブーツや靴をみがくのさ」と、グリフォンは、まじめに事実を語っている口調で言いました。

アリスにはチンプンカンプンでした。「ブーツや靴をみがくんですって？」と、自分自身に向かって繰り返しました。

「お嬢ちゃんは、靴をみがくとき、何を使う？」と、グリフォンが尋ねました。「つまり、どうやったら靴がぴかぴかになると思う？」

アリスはみんなを見おろして、ちょっと考えてから答えました。「『ブラッキング——靴墨』を使ってぴかぴかにするんだと思うけど」

「そうだな、ブーツや靴は、海底では黒くするブラッキングのかわりに、白くするホワイティング（タラ）*たちがやってくれるのさ」

「もしわたしがタラだったら」と、さっきの歌が頭から離れないアリスは言いました。「イルカにはっきり言ってやったと思うわ。『もっとうしろに下がってちょうだい！　くっついてこないで！』」

「いや、イルカと離れるわけにいかんよ」と、海ガメもどき。「かしこいサカナなら、イルカなしにどこへも行かん」

＊英語で「タラ」は whiting（ホワイティング）といい、発音が似ている「白くする」という意味の whitening とかけている。

"정말로?" 앨리스는 너무 놀라서 소리쳤습니다.

"당연하지." 가짜 바다거북이 말했습니다.

앨리스에게는 그들이 하는 얘기가 무슨 얘긴지 전혀 알 수가 없었습니다. 그러나 그리폰이 끼어들어서 마음이 놓였습니다. "자, 이번에는 아가씨의 모험담을 들어 볼까."

"내 모험담을 들려줄 수 있어 — 그럼 먼저, 오늘 아침에 있었던 일부터 시작해 볼까." 앨리스는 살짝 머뭇거리며 말했습니다. "하지만 어제로 거슬러 올라가 봐도 의미가 없어. 왜냐하면 그때의 나는 다른 사람이었으니까."

"그 부분을 설명해 주지 않겠어?" 가짜 바다거북이 말했습니다.

"안 돼, 안 돼! 모험 쪽이 먼저야." 그리폰이 말했습니다.

그래서 앨리스는 처음에 흰 토끼를 발견했을 때 시작된 갖가지 모험을 이야기했습니다. 두 마리의 동물이 양쪽에서 앨리스에게 딱 붙어서 눈과 입을 떡 벌리고 있었기에 좀처럼 진정이 되지 않았지만, 이야기를 하는 사이에 기분이 좋아졌습니다. 앨리스와 애벌레의 대화 도중에 앨리스가 암송했던 노래 가사가 전혀 다른 어휘들이 되어 버렸던 대목에 이르기까지 듣는 이들은 숨죽인 채 가만히 귀를 쫑긋 세우고 있었습니다. 가짜 바다거북은 길고 긴 한숨을 내뱉으면서 다음과 같이 말했습니다. "그건 굉장히 이상한데?"

"그렇게 이상한 일, 그렇게 쉽게 일어나지 않지." 그리폰이 말했습니다.

"전혀 다른 어휘가 되어 버렸다." 가짜 바다거북은 생각에 빠져 되풀이했습니다. "들어보고 싶군. 이 아이가 뭔가 암송해 주는 걸 말이야. 시작해 보렴. 얘기해 줘." 가짜 바다거북은 그리폰을 향해 말했습니다. 마치 앨리스가 그리폰이 하는 말은 뭐든지 들어준다고 생각하고 있는 듯했습니다.

■마음이 놓이다　安心する　■모험담　冒険談　■머뭇거리다　もじもじする　■어휘　語彙

「ほんとうに！」と、アリスはものすごくびっくりして叫びました。

「当然じゃ」と、海ガメもどき。

アリスには、彼らの話がさっぱりわかりませんでした。でも、グリフォンが口をはさんでくれてホッとしました。「さあ、こんどはお嬢ちゃんの冒険談を聞こうじゃないか」

「わたしの冒険談を話してあげられるわ——ではまず、今朝の出来事から始めましょう」 アリスはちょっぴりおずおずとして言いました。「でも、昨日にさかのぼっても意味がないの。だってそのときのわたしは、別人だったんですもの」

「そこのところを説明してくれないか」と、海ガメもどき。

「だめだめ！ 冒険のほうが先だよ」と、グリフォン。

そこでアリスは、初めて白ウサギを見つけたときに始まった冒険の数々を話しました。2匹の動物が両側からアリスにぴたっとくっついて、目と口を思いっきりあんぐりと開けているので、ちょっと落ち着きませんでしたが、話し進めるうちに気分がよくなってきました。アリスとイモムシとの会話の途中でアリスが暗唱した歌の歌詞が、全然違う言葉になってしまったくだりにさしかかるまで、聞き手たちは声もたてずにじっと聞き入っていました。海ガメもどきは長々とため息をついてこう言いました。「それは、すごくヘンだなあ！」

「そんなヘンなこと、そうそうないよね」と、グリフォン。

「全然違う言葉になってしまった」 海ガメもどきは、考えこみながら繰り返しました。「聞いてみたいもんじゃのう。この子がなにか暗唱してくれるのを。始めるように言っておくれ」と、海ガメもどきはグリフォンを向いて言いました。まるでアリスが、グリフォンの言うことを何でも聞くとでも思っているかのようでした。

"일어서서 암송하는 거야. '바닷가재의 목소리가 들리느냐'를 말이야." 그리폰이 말했습니다.

'너무해! 여기 있는 동물들이란, 시도 때도 없이 나한테 명령을 하고, 그런가 하면 또 복습을 시킨다거나 한다니까!' 앨리스는 생각했습니다. '이래서야 학교에 있는 것과 다르지 않잖아.' 그렇지만 앨리스는 일어서서 암송을 시작했습니다. 그러나 앨리스의 머릿속은 바닷가재의 카드리유 댄스에 대한 생각으로 가득했으므로 자기 자신도 무슨 말을 하는지 알지 못했습니다. 게다가 앨리스의 입을 통해서 나오는 말이란 이거나 저거나 실로 요상한 말들뿐이었습니다 ─

> "바닷가재 씨의 목소리가 들려. 이렇게 말하고 있어.
> 나를 지나치게 구워 버리다니, 가는 곳마다 설탕을 뿌려야지.
> 오리는 눈꺼풀에서 하지만, 바닷가재 씨는 코끝에서,
> 허리띠를 매고 단추를 채워, 발끝을 밖을 향하게 해.
> 모래사장이 말라 있을 때는 종다리처럼 기분이 좋아서,
> 상어를 헐뜯어대는 거야.
> 하지만 조수가 밀려와 상어들이 득실거리며 다가오면,
> 바닷가재 씨의 목소리는, 조용히 평온하게 울려 퍼져."

"그건 내가 어릴 때 흥얼거리던 것과는 다른데." 그리폰이 말했습니다.

"처음 들었어." 가짜 바다거북도 말했습니다. "그렇다고는 해도 이상한 말이야."
앨리스는 아무 말도 하지 않았습니다. 단지 두 손으로 얼굴을 감싸고는 다시 웅크리고 앉아서 앞으로 또, 언제나처럼 모든 일이 일어난다는 게 있을 수 있는 일일지에 대해서 생각하고 있었습니다.

■복습 復習　■눈꺼풀 まぶた　■흥얼거리다 口ずさむ　■웅크리다 うずくまる、しゃがむ

「立ち上がって暗唱するのだ。『ロブスターの声が聞こえる』をな」グリフォンは言いました。

「ひどいわ！ ここの動物たちときたら、しょっちゅうわたしに命令したり、おさらいをさせるんだから！」と、アリスは思いました。「これじゃあ、学校にいるのと変わらないじゃない」 それでもアリスは立ち上がって、暗唱を始めました。でも、アリスの頭の中はロブスターのカドリーユダンスで一杯だったので、自分でも何を言っているのかわかりませんでした。それに、アリスの口をついて出てくるのは、どれもこれも、実にへんてこりんな言葉ばかりでした——

「ロブスターさんの声がする。こう言っている。
ぼくを焼き過ぎてくれちゃって、行くとこ砂糖をまいておかないと。
あひるはまぶたでやるけれど、ロブスターさんは鼻先で、
ベルトをしめてボタンをかけ、つま先を外へ向ける。
砂浜が乾いているときは、ひばりのように陽気で、
サメをけなしまくるのさ。
でも、潮が満ちてサメどもがうようよ寄ってくりゃ、
ロブスターさんの声は、静かに穏やかに響く」

「それは、ぼくが子どものときに口ずさんでいたのとは違うなあ」と、グリフォン。

「初めて聞いたなあ」と、海ガメもどき。「それにしてもおかしな言葉だなあ」

アリスは何も言いませんでした。だた、両手で顔をおおってまたしゃがみこみ、この先また、いつも通りにすべてが起こることなんてありえるのかしらと思っていました。

"설명해 주지 않겠어?" 가짜 바다거북이 말했습니다.

"그건 무리." 여유를 주지 않고 그리폰이 끼어들었습니다. "됐으니까 다음 것을 해보렴."

"그런데 바닷가재 발끝은 어떻게 되었지?" 가짜 바다거북은 집요하게 물고 늘어집니다. "대관절 어떻게 바닷가재가 코에서 발끝을 밖을 향하게 할 수 있는지 가르쳐 주지 않겠어?"

"춤을 추고 있었으니까." 앨리스는 말했습니다. 솔직히, 앨리스도 뭐가 뭔지 알 수 없었습니다. 그래서 화제를 돌려 보려고 했습니다.

"됐으니까 다음으로 넘어가 봐." 그리폰이 조바심을 내면서 되풀이했습니다. "시작은 '그의 정원 앞을 지나면'이야."

21

더는 암송 따위 하고 싶지 않았지만, 할 수밖에 없을 것 같아서 앨리스는 떨리는 목소리로 다음을 이어갔습니다.

> "그의 정원 앞을 지나면, 한쪽 눈으로 보였어,
> 올빼미와 표범이 파이를 나눠,
> 표범이 고기를,
> 올빼미는 연회의 접시를 가져왔을 뿐
> 파이가 다 없어지자, 올빼미는,
> 부디 스푼을 기념으로 가져가라고 해서,
> 표범은 나이프와 포크를 받고서는 히죽 웃는다
> 그리고 넙석 식사를 마쳤다 —"

"그런 걸 암송한다고 해서 무슨 소용이 있지?" 가짜 바다거북은 말했습니다. "도중에 제대로 된 설명을 할 수 없다면 지금까지 들어본 것 중에서, 절대로 가장 이상한 이야기가 될 거야!"

■집요하다 しつこい、執拗だ　■조바심을 내다 いら立ちが募る　■올빼미 フクロウ　■표범 ヒョウ

「説明してくれないかな」と、海ガメもどき。

「それは無理」と、すかさずグリフォンが口をはさみます。「いいから、次の
とこをやってみて」

「じゃが、ロブスターのつま先はどうなっておるんだ?」と、海ガメもどき
が食いさがります。「いったいぜんたい、どうやったら、ロブスターが鼻でつ
ま先を外に向けられるのか教えてくれないか?」

「ダンスしていたからよ」と、アリス。正直言って、アリスは何がなんだか
わからなくなっていました。ですから、話題を変えようと思いました。

「いいから、次のとこをやってみて」 グリフォンが、いらいらしながら繰り
返します。「出だしは、『彼の庭先を通ったら』だよ」

もう暗唱なんかしたくありませんでしたが、するしかないと思えたので、ア
リスは震える声で先を続けました。

「彼の庭先を通ったら、片目で見えたよ、
フクロウとヒョウがパイを分けっこ。
ヒョウがお肉を、
フクロウは宴のお皿を取っただけ
パイがすっかりなくなると、フクロウは、
ぜひともスプーンをおみやげにとすすめられ、
ヒョウはナイフとフォークを受け取りニヤリと笑う
そしてパクリと食事を終わらせた──」

「そんなもの暗唱していったい何になる?」と、海ガメもどき。「ちゃんと途
中で説明できんなら、今まで聞いたなかで、ぜったいに一番ヘンな話になる!」

"분명 그런 것 같아, 이제 그만두는 편이 낫겠어." 그리폰이 하는 말을 듣고 앨리스는 깊은 안도의 한숨을 내쉬었습니다.

"바닷가재 카드리유 댄스를 또 한 번 해볼까?" 그리폰이 제안했습니다. "그렇지 않으면 가짜 바다거북에게 다른 노래를 불러 달라고 할까?"

"글쎄, 그러면 부디 노래를 부탁합니다. 가짜 바다거북 님만 괜찮다면 말이죠." 앨리스는 매우 기쁜 듯이 대답했습니다. 그리폰은 (조금은 샐쭉해져서) 말했습니다. "제 눈에 안경이지! 노래해 주라고, 노인장. '바다거북 수프'를 말이야. 괜찮잖아?"

가짜 바다거북은 심호흡을 한 후에 최선을 다해서 노래를 부르기 시작했습니다. 때때로 흐느껴 우는 탓에 목메어가면서.

> "아름다운 수프, 걸쭉한 초록
> 뜨끈뜨끈 수프, 접시에서 기다린다!
> 이런 멋진 수프, 누가 먹지 않을 수 있겠어?
> 모락모락 수프, 아름다운 수프!
> 모락모락 수프, 아름다운 수프!
>   아–름다운 수프!
>   아–름다운 수프!
> 모락모락 수프,
>   아름다운, 아름다운 수프!

■깊은 안도의 한숨 深い安堵のため息 ■부디 どうか ■샐쭉하다 すねている ■심호흡 深呼吸 ■목메이다 のどが詰まる ■모락모락 （湯気が）ゆらゆら《できたての温かい美味しそうなイメージを表す》

「たしかに、もうやめた方がいい」と、グリフォンが言ったのを聞いて、ア
リスはすごくほっとしました。

「ロブスターのカドリーユダンスをもう一度やってみようか？」と、グリ
フォンが提案しました。「それとも、海ガメもどきに別の歌をうたってもらお
うか？」

「まあ、それじゃあぜひ、歌をお願いします。海ガメもどきさんさえよろし
ければ」　アリスはとってもうれしそうに答えました。グリフォンは（ちょっ
とばかりへそを曲げて）言いました。「たで食う虫も好き好きだな！　歌って
やんなよ、じいさん。『ウミガメスープ』をな。いいだろ？」

海ガメもどきは深呼吸をしてから、一生懸命に歌い始めました。時おりすす
り泣きで声をつまらせながら。

　「きれいなスープ、トロリとみどり
　あつあつスープ、お皿で待ってる！
　こんな素敵なスープ、だれが飲まずにいられよう？
　ゆうげのスープ、きれいなスープ！
　ゆうげのスープ、きれいなスープ！
　　　きーれいな　スーップ！
　　　きーれいな　スーップ！
　ゆうげのスーップ、
　　　きれいな、きれいなスープ！

아름다운 수프! 수프만 있다면,
고기도 생선도, 누가 다른 걸 먹고 싶어 할까?
아름다운, 아름다운 수프 두 접시를 위해서라면,
모든 것을 집어 던져,
　아-름다운 수프!
　아-름다운 수프!
모-락 모-락 수프
　아름다운, 아름다운 수프!"

"다시 한 번!" 그리폰이 소리쳤습니다. 가짜 바다거북이 반복하려던 그 순간입니다. "재판이 시작됩니다!"라고 외치는 소리가 멀리서 들려왔습니다.

"이리와!" 그리폰은 소리치며 앨리스의 손을 잡고 노래가 끝나기를 기다리지도 않고 달리기 시작했습니다.
"무슨 재판이야?" 앨리스는 걸으면서 물었지만, 그리폰은 그저 "이리와!"라고 대답하고 더욱 속력을 냈습니다. 가짜 바다거북은 계속 노래하고 있었습니다.

■재판　裁判

きれいなスープ！　スープさえあれば、
お肉も魚も、だれが他になにかほしがろう？
きれいな、きれいなスープ2皿のためだったら、
すべてを投げ出す。
　　きーれいな　スープ！
　　きーれいな　スープ！
ゆーうーげのスープ
　　きれいな、きれいなスープ！」

「もういちど！」と、グリフォンがわめきます。海ガメもどきが繰り返そう
としたその時です。「裁判が始まります！」と叫ぶ声が遠くから聞こえてきま
した。
　「おいで！」と、グリフォンは叫んで、アリスの手をつかみ、歌の終わりま
で待たずに駆けだしました。
　「何の裁判なの？」　アリスは走りながら聞きましたが、グリフォンはただ
「おいで！」と答えて、さらにスピードをあげました。海ガメもどきは、歌い
続けていました。

22

제11장

타르트 도둑은 누구?

앨리스와 그리폰이 도착했을 때는, 왕과 여왕폐하는 이미 왕좌에 앉아 있었습니다. 그 주위에는 많은 군중이 밀집해 북적거리고 있었습니다 ― 온갖 작은 새들과 동물들, 트럼프 카드들. 하트의 잭이 가장 앞 열에 있었습니다. 두 명의 병사가 양쪽에서 잭이 도망치지 못하도록 단단히 잡고 있었습니다. 왕 옆에는 흰 토끼가 종이를 들고 서 있었습니다. 법정 가운데에는 테이블이 놓여 있었고 타르트가 담긴 큰 접시가 놓여 있었습니다. 아주 아주 맛있어 보여서, 보기만 해도 군침이 돌 정도였습니다. '빨리 재판을 시작하지 않는 걸까?' 앨리스는 생각했습니다. '그리고 음식과 음료를 나눠주면 좋을 텐데!' 그러나 그런 기색은 손톱만큼도 찾아볼 수 없었습니다. 앨리스는 방 안을 자세히 살펴보기로 했습니다.

■도둑 泥棒　■왕좌 王座　■밀집하다 密集する

第11章

タルト泥棒は誰？

　アリスとグリフォンが到着したときには、王様と女王陛下はもう王座に着いていました。そのまわりには大群衆がひしめきあっていました——ありとあらゆる小鳥や動物たちと、トランプのカードたち。ハートのジャックが最前列にいました。ジャックが逃げないように、2人の兵士が両側から彼をはさむようにガードしています。王様のそばには、白ウサギが紙を持って立っています。法廷の真ん中には、テーブルが据えられ、タルトを盛りつけた大皿がのっています。ものすごく美味しそうで、見ているだけでつばが出てきそうでした。「早く裁判を始めないかしら」と、アリスは思いました。「そして食べ物や飲み物を配ってくれたらいいのになあ！」でもそんな気配はみじんもありませんでした。アリスは、部屋中をつぶさに観察することにしました。

법정에 들어간 것은 처음이었습니다. 그러나 책에서 읽은 적은 있었습니다. 그 덕택에 거기에 있는 등장인물의 이름은 모두 알고 있었기 때문에 무척 기뻤습니다. "저게 재판관일 거야." 앨리스는 중얼거렸습니다.

재판관은 왕이었습니다. '그다음, 저게 배심원석이겠지.' 앨리스는 생각했습니다. '거기에 저 12마리의 작은 새와 동물들이 배심원이겠어.' '배심원'이라는 마지막 단어를 2, 3번 마음속으로 되뇌어 보았습니다. 앨리스 나이의 여자아이 중에 이 단어의 뜻을 알고 있는 것은 극히 소수일 거라고 생각했습니다.

12마리의 배심원들은 모두, 부지런히 메모를 하고 있었습니다. "모두 뭘 하고 있는 걸까?" 앨리스는 그리폰에게 물었습니다. "아직 재판이 시작되지 않았으니까 기록 따위 할 게 없잖아."

"자기 이름을 적고 있단다." 그리폰은 매우 침착하게 대답했습니다. "재판이 끝날 무렵이 되어서 잊어 버리는 일이 생긴다면 큰일이니까."

"어머, 이상해!" 앨리스는 소리쳤습니다. 그때 흰 토끼가 갑자기 목소리를 높여 말했습니다. "법정 안에서는 정숙히!" 왕은 법정을 둘러보고 누가 아직도 떠들고 있는지를 확인해 보려 했습니다.

앨리스에게는 배심원 전원이 〈어머, 이상해!〉라고 석판에 쓰고 있는 것이 보였습니다. 쓰는 법을 잊어 버려서 옆에 있는 배심원에게 배우는 배심원도 있었습니다. '이대로라면 재판이 끝날 때까지 많은 문제가 발생할 것 같아. 앞으로 일어날 일이 걱정이야.' 앨리스는 생각했습니다.

■법정 法廷　■배심원 陪審員　■침착하다 落ち着いている　■정숙하다 静粛だ

　法廷に入るのは初めて。でも、本で読んだことがありました。そのおかげ
で、そこにいる登場人物の名前をすべて知っていて、とてもうれしくなりまし
た。「あれが裁判官ね」アリスはつぶやきました。

　裁判官は王様でした。「それから、あれが陪審員席だわ」と、アリスは思い
ました。「それに、あの 12 匹の小鳥と動物たちが陪審員ね」「陪審員」という
最後の言葉を、2、3回、心の中で繰り返しました。アリスの年齢の女の子で、
その言葉の意味を知っている子は、すっごく少ないだろうと思いました。

　12 匹の陪審員たちはみんな、せっせとメモをとっていました。「みんな、な
にをしてるのかしら？」アリスはグリフォンに尋ねました。「まだ裁判は始ま
っていないから、記録することなんてないわ」

　「自分の名前を書いているんだよ」と、グリフォンは、落ち着きはらって答
えました。「裁判が終わるころになって、もの忘れしたら大変だから」

　「まあ、ヘンだわ！」と、アリスは叫びました。そのとき、白ウサギが突然、
声を張り上げて言いました。「法廷内はご静粛に！」王様は法廷を見わたして、
誰がまだしゃべっているのかを確かめようとしました。

　アリスには陪審員が全員、「まあ、ヘンだわ！」と、石板に書きつけている
のが見えました。書き方がわからなくなって、隣にいる陪審員に教えてもらっ
ている陪審員もいました。「これじゃあ裁判が終わるまでに、たくさんの問題
が発生しそう。この先思いやられるわ」と、アリスは思いました。

배심원 한 사람이 연필로 찌익찌익 귀에 거슬리는 소리를 내고 있었습니다. 참기 힘 들어서 앨리스는 법정을 한 바퀴 빙 돌아 그 배심원 뒤로 몰래 다가갔습니다. 틈을 타서 연필을 번쩍 집어 올리고 말았습니다. 너무 도 재빠른 동작이어서 어리석고 작은 배심 원(도마뱀 빌이었습니다)은 도대체 연필이 어디로 사라졌는지, 마치 여우에게 홀린 듯 해 보였습니다. 여기저기 잠시 동안 찾아보 았지만 찾을 수 없었기에 결국 그때부터 계 속 자기 손가락으로 써야 했습니다. 그렇게 해도 석판에는 아무런 흔적도 남지 않아서 대단히 힘들어했습니다.

다음으로 왕은 흰 토끼에게 소장을 읽도록 명령했습니다. 흰 토끼는 손에 들고 있던 종이를 펼쳐서 소리 내어 읽었습니다.

"*하트의 여왕은, 타르트를 구웠다,*
  여름날의 하루를 온종일 들여서
하트의 잭은 타르트를 훔쳤다,
  한 판을 다 들고 멀리로 도망쳐 타르트!"

"어떻게 해야 좋을까?" 왕은 배심원단에게 물었습니다.
"아직입니다! 아직입니다!" 토끼는 당황해서 멈췄습니다. "배심원에게 그 질문 을 던지기 전에 아직 할 일이 있습니다!"

■여우에게 홀리다 キツネにつままれる　■소장 訴状

　陪審員の一人が、えんぴつでキーキーと耳触りな音を立てていました。がまんできなかったので、アリスは法廷をぐるりと回り、その陪審員のうしろにしのび寄りました。すきをみて、えんぴつをさっと取り上げてしまいました。あまりにもすばやい動作だったので、あわれな小さな陪審員（トカゲのビルでした）は、えんぴつがいったいどこに消えたのか、まるでキツネにつままれたようでした。しばらく探しまわっても見つからなかったので、結局それからずっと、自分の指で書かなくてはなりませんでした。そんなことをしても、石板にはなんのあともつかないので、すごく苦労していました。

　次に王様は、白ウサギに、訴状を読めと命令しました。白ウサギは、手に持っていた紙を広げて読みあげました。

　　「ハートの女王は、タルトを焼いた、
　　　　夏の日まるごとついやして
　　　ハートのジャックはタルトを盗んだ、
　　　　まるごと持って遠くへ逃げタルト！」

　「どうしたらよいかのう？」と、王様は陪審員団に聞きました。
　「まだです！　まだです！」ウサギはあわてて止めました。「陪審員にその質問を投げかける前に、まだやることがあります！」

"첫 증인을 불러라." 왕이 말했습니다. 흰 토끼는 외쳤습니다. "첫 증인, 여기에!"

첫 증인은 그 모자장수였습니다. 모자장수는 한 손에 찻잔을 들고 다른 손에는 버터 바른 빵 한 쪽을 들고 들어왔습니다. "부디 용서해 주십시오, 폐하." 모자장수는 말하기 시작했습니다. "호출되었을 때, 아직 차를 다 마시지 못했기 때문에 이런 것까지 들고 왔습니다."

"마치고 왔어야 했어." 왕이 말했습니다. "차를 마시기 시작한 게 언제인가?"

모자장수는 3월 토끼 쪽을 보며 대답했습니다. 3월 토끼는 겨울잠쥐와 팔짱을 끼고 모자장수의 뒤를 따라 법정에 들어와 있었습니다. "분명 3월 14일이었다고 생각합니다."

"15일이었어." 3월 토끼가 말했습니다.

"16일이야." 겨울잠쥐가 말했습니다.

"기록해 놓도록." 왕은 배심원들에게 말했습니다. 배심원들은 기쁜 듯이 세 가지 날짜를 적어 놓았습니다. 그리고 세 개의 숫자를, 마치 돈을 세듯이 덧셈을 했습니다.

"네 모자를 벗지 못하겠느냐." 왕이 모자장수에게 말했습니다.

"제 것이 아닙니다." 모자장수가 말했습니다.

"훔친 것이냐?" 왕이 그렇게 소리치고 배심원 쪽을 향했습니다. 배심원은 당장에 모자는 모자장수의 것이 아니라고 기록했습니다.

"파는 물건입니다." 모자장수는 설명을 덧붙였습니다. "제 모자는 하나도 갖고 있지 않습니다. 아무래도 저는 모자장수니까요."

거기에서 여왕폐하가 모자장수를 뚫어져라 처다보기 시작했으므로 그는 창백해지고 말았습니다.

"네 놈이 알고 있는 것을 말하라." 왕이 말했습니다. "걱정할 것 없다. 만약 아무것도 모른다고 해도 바로 처형을 명하지는 않을 테니까."

■증인 証人　■호출 呼び出し　■팔짱을 끼다 腕を組む　■창백하다 青白い、蒼白だ

「最初の証人を呼べ」と、王様が言いました。白ウサギは叫びました。「最初の証人、これへ！」

最初の証人は、あの帽子屋でした。帽子屋は片手にティーカップを持ち、もう一方の手には一切れのバターつきパンを持って入ってきました。「どうかお許しください、陛下」と、帽子屋は切り出しました。「呼び出されたとき、まだお茶をすませていなかったものですから、こんなものを持ってまいりまして」

「すませておくべきだったな」と、王様は言いました。「お茶を始めたのはいつだ？」

帽子屋は三月ウサギの方を見て答えました。三月ウサギはヤマネと腕を組んで、帽子屋のあとについて法廷に入って来ていました。「たしか3月14日だったと思います」

「15日だった」と、三月ウサギ。

「16日だよ」と、ヤマネ。

「書きとめておけ」王様は陪審員たちに言いました。陪審員たちはうれしそうに、3つの日付を書き留めました。それから3つの数字を、まるでお金の勘定をするかのように足し算しました。

「お前の帽子を取らぬか」と、王様は帽子屋に言いました。

「わたしのではありません」と、帽子屋。

「ぬすんだのか？」王様はそう叫んで陪審員の方を向きました。陪審員はさっそく、帽子は帽子屋のものではないと記録しました。

「売り物なんです」と、帽子屋は説明を付け加えました。「自分の帽子は一つも持っておりません。なんせ、わたしは帽子屋なんで」

そこで、女王陛下が帽子屋をじろじろと眺め始めたので、彼は青ざめてしまいました。

「おまえが知っていることを述べよ」と、王様。「心配無用だ。もしなにも知らなかったとしても、すぐに処刑を命ずるからな」

　그런 말을 듣는다고 모자장수의 마음이 편해질 리가 없었습니다. 모자장수는 안절부절 못하며 체중을 오른발에 실었다가 왼발로 옮겼다가 하면서 흠칫흠칫 여왕 폐하를 바라보았습니다. 너무나도 불안해서 모자장수는 버터 바른 빵 조각 대신에 찻잔을 아삭 깨물고 말았습니다.

　그때 앨리스에게 굉장히 기묘한 기분이 엄습해 왔습니다. 왜 그런지는 금방 알아차렸습니다. 또 다시 점점 커지기 시작했던 것입니다. 일어나 법정에서 나갈까 싶었지만 앨리스가 앉을 공간이 있는 한은 여기에 계속 머물기로 했습니다.

　"그렇게 나한테 딱 붙지 말아줘." 옆에 앉아 있던 겨울잠쥐가 말했습니다. "숨을 쉴 수가 없어."

　"미안해요." 앨리스는 기가 죽어 말했습니다. "내가 점점 커지고 있단 말이에요."

　"이런 곳에서 커져서야 안 되지." 겨울잠쥐가 말했습니다.

　"그렇게 말해도 모두가 어디에선가 커지고 있는 걸요." 앨리스는 아까보다도 목소리를 높여 말했습니다. "당신 역시 성장하고 있어요."

23

　"그렇군. 하지만 나는 다른 이들과 마찬가지로 평범한 속도로 커지고 있어." 겨울잠쥐가 말했습니다. "너처럼 맹렬한 기세로 성장하고 있는 게 아니라고." 그렇게 말하고는 몹시 화를 내면서 법정 반대편으로 걸어가 버렸습니다.

　그 사이에도 계속해서 여왕폐하는 모자장수에게서 눈을 떼지 않고 있었습니다. 겨울잠쥐가 법정을 가로질렀을 때, 법정 안에 있던 병정 한 사람에게 명했습니다. "밀고자 명부를 여기로!" 그 말을 들은 모자장수는 와들와들 떨었고 두 발에 신은 구두가 모두 벗겨져 떨어지고 말았습니다.

■안절부절 못하다 いてもたってもいられない　■흠칫흠칫 びくびく　■엄습하다 おそわれる　■맹렬한 기세 猛烈な勢い　■밀고자 密告者　■와들와들 がたがた

こんなことを言われても、帽子屋の気が休まるはずがありません。帽子屋はそわそわと体重を右足にかけたり左足にかけたりして、びくびくと女王陛下を見つめました。あんまり不安だったので、帽子屋は、バター付きパン切れの代わりに、ティーカップをバリッとかじってしまいました。

そのとき、アリスはとても奇妙な気分におそわれました。どうしてなのかは、すぐにわかりました。またどんどん大きくなり始めていたのです。起きあがって法廷を出ようかと考えましたが、アリスが座るスペースがある限り、ここにとどまることにしました。

「そんなにぼくにくっつかないでくれよ」と、隣に座っていたヤマネが言いました。「息ができないよ」

「ごめんなさい」アリスはしょんぼりと言いました。「わたし、どんどん大きくなっているんですもの」

「こんなとこで、大きくなっちゃだめだよ」と、ヤマネ。

「そんなこと言ったって、みんな、どこかで大きくなっているんですもの」と、アリスはさっきよりも声を上げて言いました。「あなただって、成長しているのよ」

「そうだよ。でもぼくは、みんなと同じような普通のペースで大きくなっている」と、ヤマネ。「君みたいに、ものすごい勢いで成長してなんかいないよ」そう言うと、ひどくむくれて法廷の反対側に歩いて行ってしまいました。

その間ずーっと、女王陛下は帽子屋から目を離さずにいました。ヤマネが法廷を横切ったとき、法廷内にいた兵隊の一人に命じました。「密告者の名簿をここへ！」 それを聞いた帽子屋はガタガタと震えあがって、靴が両方ともぬげ落ちてしまいました。

"무슨 일이 일어난 것인지 이야기해 보거라." 왕이 화나서 거듭 말했습니다. "그렇지 않으면 형 집행인에게 네 목을 베라고 하겠다."

"저는 보잘것없는 놈입니다." 모자장수가 떨리는 목소리를 말을 꺼냈습니다. "일주일 전에도 아직 티타임을 시작하지 못했을 정도니까요. 게다가 3월 토끼가 한 말처럼……"

"말 안 했어!" 3월 토끼는 당황해서 대화에 끼어들었습니다.

"말했어!" 모자장수가 말했습니다.

"말하지 않았다니까!" 3월 토끼가 말했습니다.

"말하지 않았다고 이야기하고 있군." 왕이 배심원을 향해 말했습니다. "그건 기록에 남기지 말도록."

"저기 말이지요. 겨울잠쥐의 말에 따르면……" 모자장수는 말을 이었습니다. 이런 상황에서 겨울잠쥐가 무슨 얘기를 하려나 하는 생각에 주위를 둘러보면서 말을 했습니다. 그러나 겨울잠쥐는 새근새근 낮잠을 자는 중이었습니다.

"그리고" 모자장수는 이어갔습니다. "또 빵을 잘라서 버터를……"

"그런데 겨울잠쥐는 뭐라고 했습니까?" 배심원 중 한 명이 물었습니다.

"그게 기억이 나지 않습니다." 모자장수가 말했습니다.

"그럴 리가 없어." 왕이 말했습니다. "기억하지 못한다면 형 집행인에게 네 목을 베라고 명하겠다."

모자장수는 너무나 불안해져서 완전히 기가 죽어 찻잔을 쨍그랑 바닥에 떨어뜨리고 말았습니다. 버터 바른 빵도 바닥 위로. 그리고 왕에게 예를 올리며 말했습니다. "저는 별 볼일 없는 인간입니다……"

"네가 하는 얘기는 확실히 별 볼일이 없군." 왕이 말했습니다.

배심원 중 한 사람(기니피그)이, 맞습니다!, 라고 맞장구를 치며 환성을 지르자 호위병들이 기니피그를 자루에 넣고 그 위에 털썩 주저앉았습니다.

■기가 죽다 意気消沈する　■쨍그랑 ガチャン　■자루 袋

「何がおこったのか話してみよ」と、王様が怒って繰り返しました。「さもなくば、処刑人にお前の首をはねさせるぞ」

「わたしはつまらぬ者です」と、帽子屋が震える声で切り出しました。「一週間前でもまだ、ティータイムを始められなかったぐらいです。それに、三月ウサギが言ったように……」

「言ってない！」と、三月ウサギがあわてて口をはさみました。

「言った！」と、帽子屋。

「言ってないってば！」と、三月ウサギ。

「言ってないと言っておるぞ」と、王様は陪審員に向かって言いました。「そこは記録に残すな」

「あのですね。ヤマネによると……」 帽子屋は続けました。さてさてヤマネは何を言いだすのやらと思い、あたりを見わたしながら話しました。でもヤマネは、すやすやとお昼寝中でした。

「それから」帽子屋が続けます。「またパンを切りとって、バターを……」

「でも、ヤマネは何と言ったんですか？」と、陪審員の一人が尋ねました。

「それが、覚えてないんですよ」と、帽子屋。

「そんなはずはない」と、王様。「覚えていなければ、処刑人にお前の首をはねさせるぞ」

帽子屋はものすごく不安になって、すっかり落ちこみ、ティーカップをガチャンと床に落としてしまいました。バター付きパンも床の上。王様にお辞儀をして言いました。「わたしはつまらない者です……」

「お前の話はたしかに、つまらないものだ」と、王様。

陪審員の一人（モルモット）が、そのとおり！ とばかり、歓声をあげたので、護衛兵たちがモルモットを袋に放り込み、その上にどっかりと腰をおろしました。

"네 녀석이 알고 있는 것이 그것뿐이냐?" 왕이 말했습니다. "이제 가도 좋아."

그러자 다른 한 마리의 기니피그 배심원이 갑자기 환성을 질렀습니다. 그 역시도 자루에 담겨져 호위병들의 엉덩이 밑에 깔렸습니다.

"차를 끝까지 다 마시고 싶습니다만." 모자장수는 밀고자 명단을 훑어보고 있는 여왕폐하를 보며 말했습니다.

"물러가도 좋다." 왕이 말했으므로 모자장수는 벗겨진 구두도 신지 않은 채 법정을, 허둥지둥 뒤로 했습니다.

"……밖으로 나가면 녀석의 목을 베어 버려라." 여왕폐하는 호위병 한 사람에게 추가로 명령을 내렸습니다. 그러나 호위병이 법정 문에 다가갔을 무렵에는, 모자장수의 모습은 감쪽같이 사라져 버렸습니다.

"다음 증인을 불러라!" 왕이 말했습니다. 다음 증인은 공작부인의 요리사였습니다. 그녀는 후추 용기를 손에 들고 있었습니다. 앨리스는 그녀가 법정에 들어오기 전부터 문 가까이에 있던 사람들이 일제히 재채기를 하기 시작했기에 누구인지 금방 알아차렸습니다.

"알고 있는 것을 말해 보아라." 왕이 말했습니다.

"말할 수 없습니다." 요리사가 말했습니다.

왕이 흰 토끼를 보자, 흰 토끼는 목소리를 낮추어 말했습니다. "이 증인을 심문하지 않으면 안 되겠군."

"하지 않으면 안 된다면, 하지 않으면 안 되지." 왕이 말했습니다. 두 팔을 움직이며 상당시간 요리사를 물끄러미 쳐다본 후에 왕은 큰소리로 물었습니다. "타르트는 무엇으로 만들어졌느냐?"

"후추지. 주로." 요리사가 말했습니다.

■훑어보다 目を通す　■감쪽같이 跡形もなく

「お前が知っているのはそれだけか？」と、王様。「もう行ってよし」

すると、もう一匹のモルモット陪審員が、突然歓声を上げました。彼もまた、袋に放り込まれ、護衛兵たちの尻に敷かれました。

「お茶をすませてしまいたいのですが」 帽子屋は、密告者のリストをながめている女王陛下を見て言いました。

「下がってよし」と、王様が言ったので、帽子屋は、ぬげた靴もはかずに、法廷を、ほうほうのていで、あとにしました。

「……外に出たら、やつの首をはねておしまい」と、女王陛下が護衛兵の一人に追加の命令を下しました。でも、護衛兵が法廷の扉に近づいたころには、帽子屋の姿は、跡かたもなく消えていました。

「次の証人を呼べ！」と、王様。次の証人は、公爵夫人の料理人でした。彼女はコショウ入れを手に持っていました。アリスは、彼女が法廷に入って来る前から、扉の近くにいた人たちがいっせいにくしゃみを始めたので、すぐにだれだかわかりました。

「知っていることを述べよ」と、王様。

「言いません」と、料理人。

王様が白ウサギを見ると、白ウサギは低い声で言いました。「この証人に、尋問せねばなりませんぞ」

「せねばならぬなら、せねばならぬな」と、王様。両腕を動かし、かなりの間料理人をじっと見つめたあと、王様は大声で尋ねました。「タルトはなんでできておる？」

「コショウだね。主に」と、料理人。

"당밀이야." 요리사의 등 뒤에서 졸린 듯한 목소리가 들렸습니다.

"저 겨울잠쥐를 연행하라!" 여왕폐하가 외쳤습니다. "그 겨울잠쥐를 처형하라! 연행하라!"

그리고 몇 분 동안, 법정 안에서 겨울잠쥐를 쫓으려고 야단법석 큰 소란이 벌어졌고, 겨우 진정이 되었을 무렵에는 요리사의 모습이 감쪽같이 사라져 버렸습니다.

"그걸로 됐어!" 왕이 쾌활하게 말했습니다. "다음 증인을 데려오너라." 그리고 난 후, 여왕폐하를 향해 속삭였습니다. "여보, 당신, 다음은 당신이 증인과 이야기하구려. 내 머리는 댕댕 울려서 터져버릴 것 같아!"

앨리스는 흰 토끼가 증인 명단을 읽는 것을 보면서 다음 증인은 대체 누구일지 생각했습니다. '그렇잖아, 아직 거의 아무런 정보도 얻지 못한 걸.'

상상해 보시라. 흰 토끼가 "앨리스!"라는 이름을 불렀을 때 앨리스가 얼마나 놀랐을지를.

■야단법석 大騒動、どんちゃん騒ぎ　■댕댕 がんがん

「糖蜜だよう」と、料理人の背後から、眠そうな声。

「そのヤマネを連行しろ！」と、女王陛下は叫びました。「そのヤマネを処刑せよ！　連行しろ！」

それから数分間、法廷中、ヤマネを追い出すのに上を下への大さわぎになってしまい、やっとおさまったころには、料理人の姿は跡かたもなく消えていました。

「まあいい！」と、王様は陽気に言いました。「次なる証人を連れてまいれ」それから、女王陛下に向かってささやきました。「なあ、おまえ。次はおまえが証人と話しておくれ。わしの頭はがんがん張り裂けそうじゃ！」

アリスは、白ウサギが証人リストを読んでいるのを見つめながら、次の証人はいったい誰かしら、と思いました。「だって、まだほとんど情報を得てはいないんですもの」

想像してみてください。白ウサギが、「アリス！」という名前を読み上げたとき、どんなにアリスが驚いたかを。

24

제 1 2 장

앨리스의 증언

"네!" 엉겁결에 앨리스는 큰 소리로 대답했습니다. 느닷없이 벌어진 일에 정신이 팔려 이 몇 분 동안 자기가 얼마나 커져 버렸는지 완전히 잊고 있었습니다. 너무나 허둥지둥 일어서다 보니 치맛자락으로 배심원석을 뒤집어 놓아서 배심원 전원이 밑에 있던 사람들 머리 위로 떨어지고 말았습니다. 다 함께 바닥 위로 쿵쾅거리며 쓰러졌습니다.

"어머, 정말 죄송해요!" 앨리스는 외치고서는 서둘러 배심원을 한 마리씩 집어 올려, 원래 자리로 되돌려 놓았습니다.

"이대로는 재판을 진행시킬 수가 없겠어." 왕이 소리쳤습니다. "배심원 전원이 자리로 되돌아올 때까지 — 전원이 말이지." 앨리스를 노려보면서 큰소리로 반복했습니다.

■느닷없이 いきなり、突然

第12章

アリスの証言

「はい！」思わずアリスは大声で返事をしました。とつぜんのことに気がせいて、この数分の間に自分がどれほど大きくなってしまったのかをすっかり忘れていたのです。あんまりあわてて立ちあがったので、スカートのすそで陪審席をひっくりかえし、陪審員は全員、下にいた人たちの頭上にころげおちてしまいました。みんな一緒に、床の上でバタバタと横たわっています。

「まあ、ほんとうにごめんなさい！」と叫ぶと、アリスは大急ぎで陪審員を一匹ずつつまみ上げ、もとの席にもどしてあげました。

「このままでは裁判を進めるわけにいかん」と、王様が叫びました。「陪審員全員が席にもどるまでは——全員がな」と、アリスをにらみつけながら、大声で繰り返しました。

앨리스가 배심원석을 보았을 때, 도마뱀 빌을 머리에서부터 거꾸로 바닥에 처박아 놓았다는 사실을 깨달았습니다. 불쌍한 꼬맹이는 꿈쩍도 못하고 꼬리를 슬픈 듯이 흔들며 발버둥치고 있었습니다. 앨리스는 곧장 빌을 잡아당겨 원래대로 되돌려 주었습니다. "되돌려 놓았다고 해도 그다지 달라진 건 없지만 말이지." 앨리스는 혼잣말을 했습니다. "꼬리가 위로 가든 머리가 위로 가든, 재판에는 관계없을 것 같고."

배심원이 뒤집혔던 충격에서 벗어나 석판과 연필을 찾아서 배심원 앞에 되돌려 놓았을 때, 배심원들은 방금 일어난 사건에 대해서 열심히 기록하기 시작했습니다. 도마뱀은 아직 충격에서 벗어나지 못해서 멍하니 입을 벌린 채 법정 천장을 바라보고 있었습니다.

"이 건에 대해서 무엇을 알고 있느냐?" 왕이 앨리스에게 물었습니다.

"아무것도 몰라요." 앨리스가 대답했습니다.

"정말 아무것도 모른다는 거냐?" 왕이 말했습니다.

"정말 아무것도 모릅니다." 앨리스가 말했습니다.

"그건 지극히 중요하다." 왕은 말한 후에 배심원 쪽을 보았습니다.

배심원이 기록하기 시작한 그때, 흰 토끼가 끼어들었습니다. "중요하지 않다는 뜻입니까? 폐하." 정중한 어투였지만 얼굴을 찡그린 채 왕을 보면서 말했습니다.

"중요하지 않다, 당연히, 그런 뜻이지." 왕은 당황해서 대답했습니다. 그리고 곧장 목소리를 낮추어 중얼거렸습니다. "중요 — 중요하지 않다 — 중요 — 중요하지 않다……" 마치 어느 쪽이 울림이 좋은지 확인해 보려는 듯했습니다.

■발버둥치다 もがく、じたばたする　■얼굴을 찡그리다 顔をしかめる　■울림 響き

　アリスが陪審員席を見ると、トカゲのビルを頭からさかさにつっこんでしまったことに気づきました。哀れなちびちゃんは身動きがとれず、しっぽを悲しげにふってもがいていました。アリスはすぐにビルを引っぱり出して、もとにもどしてあげました。「もどしたからってあんまり変わりはないでしょうけどね」と、アリスはひとりごと。「しっぽが上でも頭が上でも、裁判には関係なさそうだし」

　ひっくりかえったショックから陪審員が立ち直り、石板やエンピツが見つかって陪審員の手元にもどされたとき、陪審員たちは、たった今起こった出来事をけんめいに記録し始めました。トカゲはまだショックから立ちなおることができず、口をあんぐりと開けて、法廷の天井を見つめていました。

　「この件について何を知っておる？」と、王様はアリスに尋ねました。

　「何も知りません」と、アリス。

　「まったく何も知らないのじゃな？」と、王様。

　「まったく何も知りません」と、アリス。

　「それは極めて重要だ」と王様は言って、陪審員の方を見ました。

　陪審員が記録し始めたそのとき、白ウサギが口をはさみました。「重要ではない、という意味でしょうか、陛下」　丁寧な口調でしたが、顔をしかめて王様を見つめながら言いました。

　「重要ではない、当然、そういう意味じゃ」と、王様はあわてて答えました。そしてすぐに、低い声でつぶやきました。「重要——重要ではない——重要——重要ではない……」　まるでどちらの言葉の方が響きがよいのか、確かめているようでした。

배심원 중에는 〈중요하다〉라고 기록한 자가 있는가 하면, 〈중요하지 않다〉고 기록한 자도 있었습니다. 앨리스는 배심원석 바로 옆에 있었기 때문에 그것이 보였습니다. "어느 쪽이든 상관없지 않나." 앨리스는 중얼거렸습니다.

마침 그때 한동안 열심히 자기 노트에 기록하고 있던 왕이 외쳤습니다. "정숙히!" 그리고 왕의 책을 소리 내어 읽었습니다. "제42조. 그 누구든 키 1마일을 넘는 자는 이 법정에서 퇴거해야 한다."

모두 앨리스를 바라보았습니다.

"저는 1마일이 되지 않아요." 앨리스가 말했습니다.

"되는데." 왕이 말했습니다. "2마일 가까이 되겠네"라고 여왕폐하가 덧붙였습니다.

"어찌 되었든 저는 여기에서 나갈 생각이 없습니다." 앨리스가 말했습니다. "왜냐하면, 그것은 정식 법률이 아니기 때문입니다. 문득 당신 머리에서 떠오른 거죠."

"이것은 이 법률서에 따른 가장 오래된 규칙이다." 왕이 말했습니다.

"그렇다면 제1조여야 하죠." 앨리스가 말했습니다.

왕은 순간 창백해져서 노트를 탁 하고 닫고는 배심원을 향해서 낮고 떨리는 목소리로 명했습니다. "평결을 심의하라."

"아직 증인이 있습니다. 그때까지는 평결을 할 수 없습니다, 폐하." 흰 토끼가 황급히 뛰어올라 말했습니다. "이 문서를 방금 입수했습니다."

"뭐라고 쓰여 있느냐?" 여왕폐하가 말했습니다.

"아직 개봉하지 않았습니다." 흰 토끼가 말했습니다. "그런데 아무래도 잭이 누군가의 앞으로 쓴 편지인 것 같습니다."

"누군가의 앞으로 쓴 것임에 틀림없느냐." 왕이 말했습니다.

"누구에게?" 배심원 한 사람이 물었습니다.

■퇴거하다 退去する ■평결 評決 ■입수하다 入手する ■개봉하다 開封する

　陪審員の中には、「重要だ」と記録した者もいれば、「重要ではない」と記録
した者もいました。アリスは陪審員席のすぐそばにいたので、それが見えまし
た。「どっちだっていいじゃないの」と、アリスはつぶやきました。

　ちょうどその時、しばらくせっせと自分のノートに書き込んでいた王様が、
叫びました。「静粛に！」　そして、王様の本から読みあげました。「第42条。
何びとであれ、身長1マイルを超える者は、この法廷から退去すべし」

　みんながアリスを見つめました。

　「わたしは1マイルもありません」と、アリス。

　「あるぞよ」と王様。「2マイル近くあるぞよ」と、女王陛下が付け加えまし
た。

　「いずれにしても、わたしは、ここから出て行くつもりはありません」と、
アリス。「なぜなら、それは正式な法律ではないからです。あなたがとっさに
思いついたものでしょう」

　「これはこの法律書における、最古の規則じゃ」と、王様。

　「それなら第1条のはずでしょう」と、アリス。

　王様はすーっと青ざめて、ノートをぱたんと閉じると、陪審員に向かって、
低く震える声で命じました。「評決を審議せよ」

　「まだ証言がございます。それまで評決はできません、陛下」白ウサギが大
あわてで跳び上がって言いました。「この文書がたった今入手できました」

　「なんと書いてあるのじゃ？」と、女王陛下。

　「まだ開封しておりません」と、白ウサギ。「しかし、どうやら、ジャックが
誰かに宛ててしたためた手紙のようでございます」

　「だれかに宛てたものに違いないのう」と、王様。

　「宛先は？」と、陪審員の一人が尋ねました。

"누구에게인지 아무것도 없습니다." 흰 토끼가 말했습니다. "사실, 밖에는 아무것도 쓰이지 않았습니다." 흰 토끼는 그 편지를 개봉하면서 덧붙였습니다. "이것은 편지가 아닙니다. 한 편의 시입니다."

"그것은 잭의 필체인가?" 다른 한 사람의 배심원이 물었습니다.

"아니요, 다릅니다." 흰 토끼가 대답했습니다. "정말이지, 그 부분이 가장 기묘합니다." (누구 하나 상황을 이해한 배심원은 없었습니다.)

"피고인이 다른 어떤 자의 필체를 모방해서 쓴 것임에 틀림없어." 왕이 말했습니다. (배심원은 동시에 함께, 얼굴이 활짝 밝아졌습니다.)

"외람되오나, 폐하." 잭이 말했습니다. "저는 쓰지 않았습니다. 게다가 마지막에 누구의 서명도 없으므로 제가 썼다는 증거는 되지 않습니다."

"만약 네 놈이 서명을 하지 않았다고 한다면" 왕이 말했습니다. "그건 더욱 더 묵과할 수 없는 문제다. 정직하게 서명하지 않은 것은 묵과할 수 없는 문제를 발생시키고자 함이 틀림없어."

전원이 빙긋 웃었습니다. 이날 왕이 내뱉은 말 중에서 처음으로 재치 있는 발언이었기 때문입니다.

"이것으로 유죄가 증명된 셈이다." 여왕폐하가 말했습니다. "그럼, 이 녀석의 목을......"

"그 따위 것, 아무런 증거도 되지 않아!" 앨리스가 말했습니다. "도대체 거기에 뭐가 쓰여 있는지도 모르는 주제에!"

"낭독해 보라!" 왕이 말했습니다.

흰 토끼는 종이를 손에 들고 물었습니다. "폐하, 어디에서부터 시작할까요?"

"맨 처음부터 시작하라!" 왕이 거드름을 피우며 말했습니다. "그리고 끝까지 계속해라. 끝에서 끝내도록."

■필체 筆跡　■묵과하다 見過ごす　■낭독하다 読み上げる

212

「宛先はまったくありません」と、白ウサギ。「事実、表書は白紙なのです」白ウサギはその手紙を開封しながら付け加えました。「これは手紙ではありませんでした。一編の詩です」

「それはジャックの筆跡か？」と、もう一人の陪審員が聞きました。

「いや、違います」と、白ウサギ。「まったくもって、そこが最も奇妙なことでございます」（誰一人として、状況が理解できる陪審員はいませんでした。）

「被告人は他の何者かの筆跡をまねて書いたに違いない」と、王様が言いました。（陪審員はみなそろって、ぱっと明るい顔になりました。）

「おそれながら、陛下」と、ジャックが言いました。「わたしは書いておりません。それに、最後にだれの署名もないので、わたしが書いたという証拠になりません」

「もしおまえが署名をしなかったとすると」と、王様。「それはさらに由々しき問題である。正直に署名しなかったのは、由々しき問題を発生したかったからに違いない」

全員がにっこり笑いました。この日初めて王様が口にした、気の利いた発言だったからです。

「これで有罪と証明されたわけじゃな」と、女王陛下。「では、こやつの首を……」

「そんなの、何の証拠にもなっていないわ！」と、アリス。「だいたいそこに何が書かれているのかも知らないくせに！」

「読みあげよ！」と、王様。

白ウサギは紙を手に取り、尋ねました。「陛下、どこから始めましょうか？」

「最初から始めよ」と、王様がもったいぶって言いました。「そして終わりまで続け、終わりで終われ」

25

잠잠하게 적막에 싸인 법정에서 흰 토끼는 다음과 같은 시를 낭독했습니다.

"그들의 이야기에서는, 너는 그녀가 있는 데로 가서,
　　내 이야기를 그에게 했다고 했지
나는 좋은 사람이지만
　　헤엄치지 못한다고 그녀가 말한 것 같아.

그는, 내가 가지 않았다고 그들에게 전했지만
　　(우리들은 그것이 사실이라는 것을 알고 있어)
만약 그녀가 일을 진행시키겠다고 바란다면,
　　너는 도대체 어떻게 되지?
나는 그녀에게 하나를 주고, 그들은 그에게 두 개를 주고,
　　너는 우리에게 세 개나 그 이상을 주었지만,
모두 그에게서 너에게 되돌아온,
　　원래 모두, 내 것이었는데.

만약 그녀든 나든 어느 쪽이든지 우연히
　　이 사태에 휘말려 들게 된다면
네가 그들을 자유롭게 해줄 것을 그는 원할 것이지
　　옛날 그대로의 우리에게 되돌려줄 것을.

내가 생각한 것은, 네가 이제까지,
　　(그녀가 이 문제를 일으키기 전)
끼어들어서 방해했던 문제였지
　　그와, 우리와, 그것과의 사이에 끼어들어서.

■적막 ひっそりとして静かなようす　■방해하다 邪魔する

しーんと静まりかえった法廷で、白ウサギは、こんな詩を読みあげました。

「彼らの話では、きみは彼女のところへ行き、
　　　僕のことを彼にしゃべったんだって
僕はいい人だけど
　　　泳げないのよって彼女が言ったそう。

彼は、僕は行かなかったと彼らに伝えたけど
　　　（僕らはそれが本当だって知っている）
もし彼女がことを進めたいと願ったら、
　　　きみはいったいどうなるの？
僕は彼女に一つあげ、彼らは彼に二つあげ、
　　　きみはぼくらに三つかそれ以上くれたけど、
すべて彼から君にもどされた、
　　　もともとみんな、僕のものだったのに。

もし彼女か僕のどちらかがたまたま
　　　この事態の巻きぞえを食らえば
君が彼らを自由にすることを彼は望むだろう
　　　昔のまんまの僕らにもどしてくれることを。

僕が思ったのは、君がこれまで
　　　（彼女がこの問題を起こす前）
割り込んで邪魔していた問題なんだ
　　　彼と、僕らと、それとの間に割り込んで。

그녀가 가장 좋아한 것은 그였다니,

결코 그에게 알려서는 안 된다네.

왜냐하면 이것은 절대로 아무도 모르는 비밀로 하지 않으면 안 돼

너와 나만의"

"이것은 우리가 이제까지 들었던 것들 중에서, 가장 중요한 증거가 아닌가." 왕이 매우 기분이 좋아서 말했습니다. "그럼, 배심원은 슬슬 평결로……"

"누군가 한 사람이라도 지금의 시를 설명할 수 있다면" 앨리스(이 몇 분 동안 또 엄청나게 커져 버려서 흠칫흠칫 하지 않고도 발언할 수 있었습니다)가 말했습니다. "6펜스를 줄게. 이 시에는 의미도 그 무엇도 없다고 생각해."

배심원들은 일제히 쓱싹쓱싹 기록했습니다. 〈그녀는 이 시에 의미도 그 무엇도 없다고 생각한다.〉 그러나 아무도 앨리스가 하고 싶었던 말을 이해하려 하지 않았습니다.

"의미가 없다고 한다면" 왕이 말했습니다. "수고를 덜 수 있어서 크게 도움이 돼. 여하튼 의미를 찾을 필요가 없어졌으니까 말이지. 그런데, 그럼, 어쩌지?" 무릎 위에 시를 펼쳐 한쪽 눈으로 보면서 말을 이어갔습니다. "어쩐지 무슨 뜻이든 있을 것처럼 보이는데, 짐에게는. '— 헤엄치지 못한다고 그녀가 말했다 —' 너, 헤엄치지 못하지?" 잭을 향해 자세를 바꾸었습니다.

잭은 슬픈 듯이 고개를 옆으로 저었습니다. "헤엄칠 수 있을 것처럼 보입니까?" (종이로 만들어져서 헤엄칠 수 있을 리가 없습니다.)

■쓱싹쓱싹 ごしごし　■무릎 膝

　　彼女が一番好きだったのは彼だなんて、

　　　　決して彼に知らせてはいけないよ。

　　だってこれはぜったいに誰も知らない秘密にしとかなきゃいけないよ

　　　　　君と僕だけの」

「これは我々がこれまで聞いた中で、もっとも重要な証拠じゃ」と、王様が上機嫌で言いました。「では、陪審員はそろそろ評決に……」

「誰か一人でも今の詩を説明できたら」と、アリス（この数分間でまたすごく大きくなっていたので、びくびくしないで発言できたのです）。「6ペンスあげるわ。この詩には意味のかけらもないと思うわ」

陪審員たちはいっせいにカリカリと記録しました。「彼女はこの詩に意味のかけらもないと思う」　でもだれも、アリスが言いたかったことを理解しようとはしませんでした。

「意味がないと言うのなら」と、王様。「手間が省けて大助かり。なにしろ意味を探す必要がなくなるからな。じゃが、はて、どうかのう」と、膝の上に詩を広げ、片目で眺めながら続けました。「どうやら、何やら意味がありそうにわしには見えるのじゃが。『——泳げないのよって彼女が言った——』お前、泳げぬであろう？」とジャックに向き直りました。

ジャックは悲しげに首を横に振りました。「泳げそうに見えますか？」（紙でできているので、泳げるはずがありません。）

"여기까지는 좋다." 왕이 말했습니다. 그리고 투덜투덜, 시의 일부를 암송했습니다. "'우리들은 그것이 사실이라는 것을 알고 있어 ―' 이것은 물론, 배심원들에 대해서다 ― '만약 그녀가 일을 진행시키겠다고 바란다면' ― 이것은 여왕을 가리키는 게 틀림없어 ― '너는 도대체 어떻게 되지?' ― 도대체, 어떻게 되는 건가! ― '나는 그녀에게 하나를 주고, 그들은 그에게 두 개를 주고' ― 이건 그가 타르트를 어떻게 하고 싶었는지에 대한 게 틀림없을 텐데 ―"

"하지만 아직 계속되고 있어요. '모두 그에게서 너에게 되돌아온'이라고 말이죠." 앨리스가 끼어들었습니다.

"그건 말이지, 여기에 있지 않느냐!" 테이블 위에 놓인 타르트를 가리키며 왕은 기쁜 듯이 말했습니다. "이것으로 모든 것이 명백해졌어. 그리고 또 ― '그녀가 이 문제를 일으키기 전' ― 지금까지 문제 따위 일으킨 적이 없지 않나?" 여왕폐하에게 물었습니다.

"한 번도 없습니다!"라고 말하고 여왕폐하는 분개하여 잉크 단지를 배심원 한 사람을 향해 던졌습니다. (운 나쁜 배심원은 도마뱀 빌이었습니다. 자기 석판에 손가락으로 기록하려고 했으나 흔적이 남지 않아서 포기하고 있던 참이었는데, 잉크가 날아와서 얼굴에서부터 뚝뚝 떨어지는 잉크를 사용해 곧바로 기록을 재개했습니다 ― 잉크가 있는 만큼 말이죠.)

"그렇다는 것은, 이 말은 너에게는 적합하지 않아." 왕이 말하며 웃음을 띠고 법정을 둘러보았습니다. 모두 숨 죽인 채였습니다.

"배심원은, 평결을 정리하도록." 왕이 말했습니다. 오늘 스무 번째 정도 이 말을 했습니다. "안 돼, 안 돼!" 여왕폐하가 말했습니다. "쟉의 처분을 우리가 정한 후에 배심원에게 평결토록 하라."

■분개하다 憤慨する　■숨 죽이다 息を殺す

「ここまではよし」と王様。そしてぶつぶつと、詩の一部を暗唱しました。『僕らはそれが本当だって知っている——』これは無論、陪審員たちのことだ——『もし彼女がことを進めたいと願ったら』——これは女王のことを指しているに違いない——『きみはいったいどうなるの?』——いったい、どうなるのじゃ!——『僕は彼女に一つあげ、彼らは彼に二つあげ』——これは彼がタルトをどうしたかってことに違いないだろうが——」

「でも、まだ続いています。『すべて彼から君にもどされた』とね」と、アリスが口をはさみます。

「あれまあ、ここにあるではないか!」と、テーブルの上に置かれたタルトを指さし、王様はうれしそうに言いました。「これですべて明白じゃ。それからまた——『彼女がこの問題を起こす前』——これまで問題など起こしたことがないじゃろ?」と、女王陛下に尋ねました。

「一度だってありません!」と言い、女王陛下は憤慨して、インクのつぼを陪審員の一人に向かって投げつけました。(不運な陪審員は、トカゲのビルでした。自分の石板に指で記録しようとして、あとがつけられずにあきらめていましたが、インクが飛んできたので、顔からしたたり落ちるインクを使って、すぐさま記録を再開しました——インクがある限りね)

「ということは、この言葉はお前にそぐわない」と、王様は言い、笑みを浮かべて法廷を見わたしました。みんな、シーンとしたままです。

「陪審員は、評決を取りまとめよ」と、王様は言いました。今日 20 回目ぐらいです。「ダメ、ダメ!」と、女王陛下。「ジャックの処分を我々が決めてから、陪審員の評決よ」

"그건 절대로 안 돼요!" 앨리스는 부르짖었습니다. "절대로 안 돼!"

"닥쳐라!" 여왕폐하는 얼굴이 새빨개져서 말했습니다.

"닥칠 수 없어요!" 앨리스도 지지 않았습니다.

"저 녀석의 목을 베어라!" 여왕폐하는 목소리가 뒤집힐 정도로 호통을 쳤지만 아무도 움직이지 않았습니다.

"당신이 하는 말을 따르는 사람이 여기에 있을까요?" 앨리스가 말했습니다(완전히 원래의 크기로 되돌아와 있었습니다). "당신들은 그저 트럼프일 뿐이잖아!"

26

그 말을 듣자마자 모든 트럼프가 벌떡 일어서서 앨리스를 목표로 일제히 돌진해 왔습니다. 앨리스는 두려움과 치밀어 오르는 화에, 꺅 하고 작게 소리치고는 연이어 공격해 오는 트럼프들을 뿌리치려 했습니다. 그 순간, 앨리스는 강가에 누워서 언니의 무릎을 베고 있었습니다. 언니는 앨리스의 얼굴 위로 춤추듯 떨어지는 낙엽을 다정하게 털어내 주었습니다.

■돌진하다 突進する　■다정하다 思いやりがある、優しい

「そんなの絶対にダメよ！」と、アリスはどなりました。「絶対にダメ！」

「お黙り！」女王陛下は顔を真っ赤にして言いました。

「黙りません！」と、アリスも負けてはいません。

「あやつの首をはねよ！」と、女王陛下は声をひっくり返して叫びましたが、誰も動きません。

「あなたの言うことを聞く者がここにいるのかしら？」と、アリス（すっかり元の大きさにもどっていました）。「あんたたちはただのトランプじゃないの！」

それを聞いたとたん、すべてのトランプが立ちあがって、アリスめがけて一斉に突進してきました。アリスは怖いのと頭にきたのとで、きゃっと小さな叫び声を上げ、次々と襲ってくるトラ

ンプたちを払いのけようとしました。その瞬間、アリスは川べりで横になって、お姉さんの膝に頭をのせていました。お姉さんは、アリスの顔の上に舞い降りてくる落ち葉を、やさしくはらいのけてくれています。

"눈을 떠 봐, 앨리스!" 언니는 말했습니다. "꽤 오랫동안 곤히 잠들어 있었단다!"

"어머, 나 좀 봐, 지금 굉장히 이상한 꿈을 꿨어!" 앨리스는 이렇게 말하고 언니에게 생각나는 대로 자세히, 이상한 모험 이야기를 했습니다. 앨리스가 이야기를 마치자, 언니는 앨리스에게 키스를 하며 말했습니다. "앨리스, 정말 이상한 꿈을 꾸었구나. 하지만 슬슬 집에 돌아가서 차를 마시렴. 늦어 버리겠어." 그래서 앨리스는 벌떡 일어나 달리기 시작했습니다. 달리면서 얼마나 멋진 꿈을 꾼 것인가, 라고 생각했습니다.

언니는 앨리스가 돌아간 뒤에도 혼자 남아 가만히 앉아서 턱을 괸 채로 석양을 바라보았습니다. 동생의 이상한 모험에 대해서 생각하고 있었습니다. 그러는 사이에 언니도 덩달아 꿈을 꾸기 시작했습니다. 이런 꿈이었습니다 —

처음 꿈에 나온 것은 작디 작은 앨리스였습니다. 앨리스는 앙증맞은 두 손으로 언니의 무릎에 매달려서 반짝반짝 빛나는 둥근 눈망울로, 언니의 눈을 밑에서 가만히 쳐다보고 있었습니다 — 앨리스의 목소리가 되살아나서, 귀밑머리가 눈에 들어갈 듯한 때에 작은 머리를 살짝 흔드는 그 독특한 버릇까지 눈에 선했습니다. 언니가 귀를 기울이면 들려올 듯한 기분이 들어 더욱 귀를 쫑긋 세웠더니 주변의 모든 것이, 어린 여동생의 꿈에 등장했던 신기한 생물들의 기운과 함께 생생하게 숨쉬기 시작했습니다.

■곤히 ぐっすり ■턱을 괴다 頬杖をつく ■석양 夕陽 ■덩달아 つられて ■귀밑머리 おくれ毛 ■생생하다 生き生きしている

「目をさまして、アリスちゃん！」と、お姉さんは言いました。「ずいぶんと長い間、ぐっすりと眠っていたわね！」

「まあ、わたしったら、今ものすごくヘンな夢を見ていたの！」と言ってアリスは、お姉さんに、思い出せる限りくわしく、不思議な冒険の話をしました。アリスが話し終えると、お姉さんはアリスにキスをして言いました。「アリスちゃん、ほんとうに不思議な夢を見たのね。でもそろそろおうちに帰って、お茶をいただいてらっしゃいな。遅くなってしまうわよ」　そこでアリスは起き上がって駆け出しました。走りながら、なんて素敵な夢を見たんでしょうって、思いました。

お姉さんは、アリスが帰ったあとも一人残ってじっと座ったまま、頬杖をついて夕陽を眺めていました。妹の不思議な冒険に思いを馳せていました。そのうち、お姉さんもまた、つられて夢を見始めました。こんな夢です——

初めに夢に出てきたのは、ちっちゃなアリスでした。アリスは愛くるしい両手でお姉さんの膝に抱きつき、キラキラと輝くつぶらな瞳で、お姉さんの眼を下からじっとのぞきこんでいます——アリスの声がよみがえり、おくれ毛が目に入りそうになるときに小さな頭をちょっと振りやる、あの独特のしぐさまで目に浮かんできました。お姉さんが耳をすまし、聞こえてくるような気がしてさらに耳をすませていると、まわりのすべてが、幼い妹の夢に登場した不思議な生きものたちの気配とともにいきいきと息づき始めました。

흰 토끼가 뛰어나가자 키가 큰 풀이 발 밑에서 살랑거렸습니다. 깜짝 놀란 겨울 잠쥐가 가까이 있는 물 웅덩이를 퐁당거리며 건너갔습니다. 3월 토끼와 그의 동료들이 끝없이 계속되는 다과회를 하면서 찻잔을 달그락거리는 소리도 들려왔습니다. 운 나쁜 손님들의 목을 베라고 명령하는 여왕폐하의 날카로운 목소리도 귀로 울려왔고 — 더욱이 접시가 여기저기 날아다니는 가운데, 공작부인의 무릎 위에서 아기 돼지가 재채기를 하고 있었습니다. 그리고 다시 멀리서 어렴풋이 들려오는 불운한 가짜 바다거북이 목메어 우는 소리에 섞여 그리폰이 우는 소리도 들려왔습니다.

언니는 눈을 감고 앉은 채로, 자기도 이상한 나라에 있다고 반쯤은 믿고 있었습니다. 만약 눈을 뜬다면 모든 것이 다시 현실로 되돌아갈 것이라는 사실을 알고 있었기 때문입니다. 풀은 바람이 불 때만 나풀거리고 물소리도 — 더불어 찻잔 소리도 농가의 가축이 목에 달고 있는 방울의 댕그랑 소리로 바뀌어 버리고, 여왕폐하의 금속성 목소리도 농가 소년의 목소리로 바뀌어 버립니다. 아기가 우는 소리도, 그리폰과 다른 무리가 내는 온갖 신기한 소리도 전부 — (그렇습니다. 그녀는 알고 있었습니다.) — 활기 넘치는 농가의 떠들썩한 소리로 바뀌어 버리고 말 것이라는 사실을.

마지막으로, 언니는 머릿속으로 그려 보았습니다. 그 작은 여동생이 언젠가 어엿한 여성으로 성장해서, 나이를 먹어감에도 여전히 순수하고 투명한, 상냥한 마음을 가지고 살아갈 것을. 그때 앨리스는 분명, 어린 아이들에게 신기한 이야기를 해주며, 그들의 눈동자가 반짝반짝 빛나게 하고, 가슴이 두근거리게 만들 것입니다. 어쩌면, 훨씬 옛날에 꿈꾼, 이 이상한 나라의 꿈 이야기를 해줄지도 모릅니다. 그때, 아이들이 품을 애틋한 생각을 들어주고, 아이들의 기쁨에 가슴이 두근거릴 것입니다. 그리고 소녀 시절 그 행복한 여름날을 그리워하며 생각의 꼬리를 놓지 않을 것입니다.

■살랑거리다 そよぐ ■물 웅덩이 水たまり ■달그락거리다 がちゃがちゃする ■어렴풋이 かすかに ■어엿하다 一人前の ■애틋하다 せつない

　白ウサギが駆け抜けると、背の高い草が足元でなびきました。びっくりした
ヤマネが近くの水たまりをぱしゃぱしゃ渡っていきます。三月ウサギと仲間た
ちが果てしないお茶会をしながら、ティーカップをカチャカチャいわせている
音も聞こえてきます。不運なお客たちの首をはねよと命じている、女王陛下の
金切り声も耳に響き——さらには、お皿がそこら中飛び交うなか、公爵夫人の
膝の上でブタの赤ん坊がクシャミをしています。そして再び、遠くからかすか
に聞こえてくる不幸な海ガメもどきのむせび泣きに交じって、グリフォンの鳴
き声が響き渡ります。

　お姉さんは目を閉じて座ったまま、自分も不思議の国にいるんだと、なかば
信じていました。もし目を開いたら、すべてまた、現実にひきもどされてしま
うとわかっていたからです。草は風が吹いたときにだけなびき、水音も——そ
れにティーカップの音も、農家の家畜の首にぶら下がったベルのカランコロン
に変わってしまうし、女王陛下の金切り声も農家の少年の声に変わってしま
う。赤ん坊の泣き声も、グリフォンや他の連中が立てるありとあらゆる不思議
な音もぜんぶ——（そう、彼女にはわかっていました）——活気あふれる農家の
ざわめきへと変化してしまうことを。

　最後に、お姉さんは思い描いてみました。あの小さな妹が、いつの日か一人
の女性として成長し、そして年を重ねてもなお、無垢で澄み渡ったやさしい心
を持ち続けることを。そのときアリスはきっと、幼い子供たちに不思議なお話
をして、彼らの瞳をキラキラと輝かせ、わくわくさせていることでしょう。も
しかしたら、ずっと昔に夢見た、この不思議の国の夢のお話をしてあげるかも
しれません。そのとき、子供たちが抱くせつない思いを受けとめ、子供たちの
喜びに心震わせることでしょう。そして、少女時代のあの幸福な夏の日々を懐
かしみ、思いを馳せることでしょう。

覚えておきたい韓国語表現

어쩌면 예의에 어긋난 행동이 아닐지도 몰라요. (p.156, 1行目)
もしかしたら、お行儀が悪いことではないかもしれません。

【解説】「어긋나다」は外れるという意味で、「礼儀に外れている」という意味で「예의에 어긋나다」が使われる。

*「예의」に関する慣用句
「예의 바르다」 礼儀正しい
「예의를 지키다」 礼儀を守る
「예의를 차리다」 礼儀をわきまえる

【例文】

① 윗사람과 맞담배를 피우는 것은 예의에 어긋난다.
目上の人と向かい合ってタバコを吸うのは礼儀に反する。

② 어른에게 손가락질을 하는 것은 예의에 어긋난다.
大人に指をさすのは礼儀に反する。

네가 사라지든지, 네 목이 날아가든지 (p.158, 3-4行目)
おまえがいなくなるか、おまえの首が飛んでいくか

【解説】「-든지 -든지」は、実際起こりうる二つ以上のことの中で何が起きても後続節の内容に影響を与えず、物事が成立されることを表す。後ろに「간에(関わらず)」「상관없이(関係なく)」などが付いて、意味をはっきりさせることもある。

【例文】

① 함께든지 혼자서든지 잘 놀면 되었지.
一緒にでも一人でもよく遊べばいいんだ。

② 싫든지 좋든지 간에 따를 수밖에 없다.
嫌いであろうと好きであろうと従うしかない。

툭하면 다른 선수와 싸움을 했습니다. (p.158, 12行目)
ひっきりなしに他の選手とケンカをしていました。

【解説】「툭하면」は、少しでも何かがあれば癖のようにすぐある行動をするときに使う。「걸핏하면(ともすれば)」「빈번히(頻繁に)」「수시로(その折々)」なども同じ意味で使われる。

【例文】

① 툭하면 화를 내다.
何かというと腹を立てる。

② 대체 자네가 무얼 안다고 툭하면 나서나.
いったい君が何をわかってて、何かというと前に出るのか。

한술 더 떠서 말했습니다. (p.164, 下から7行目)
追い打ちをかけます。

【解説】「한술 더 뜨다」は直訳すると「一さじさらにすくう」で、すでにあることが間違っているのに、一歩進んでとんでもないことをすることを表す。

【例文】

① 그는 미안한 기색은커녕 한술 더 떠서 도리어 내게 화를 내는 것이었다.
彼は申し訳なさそうな様子はおろか、さらに一歩進んで私に腹を立てるのだった。

② 할아버지가 시골에서 동네 사람들을 상것들이라고 업신여긴 것보다 엄마는 한술 더 떠서 바닥 상것들이라는 표현을 썼다.
祖父が田舎で町の人々を下郎たちと見下したことより、母はさらに輪をかけて「下っ端の下郎たち」という表現を使った。

대구네들은 꼬리를 입에 물고 있지. (p.176, 下から3行目)
タラどもは尾を口にくわえておる。

【解説】「-네」は、人を指す名詞や名詞句の後ろに付いて、その人が属する家族など

の一群を意味する。

【例文】

① 언니네 　　お姉さんの家族やその家
② 김 사장네　キム社長の家族やその家、もしくは会社

도통 종잡을 수가 없었습니다. (p.178, 13行目)
チンプンカンプンでした。

【解説】「종잡다」は「だいたいを推し量る」という意味で、後ろに「-을 수 없다」「-기 어렵다」が付いて、「見当がつかない」という意味で使われる。

*「도통」は「すべて」「全然」「全く」を意味する副詞。

【例文】

① 종잡을 수 없는 소문
　　見当のつかないうわさ

② 그 사람은 언제 어디로 떠나갈지 종잡기 어렵다.
　　その人はいつどこへ行くのか見当がつかない。

잠시 생각한 끝에 대답했습니다. (p.178, 下から9行目)
ちょっと考えてから答えました。

【解説】「-(으)ㄴ 끝에」という表現は、しばらく時間が過ぎた後、もしくは困難な過程を経て結果を得ることができたときに使われる。動詞のみに付く。

【例文】

① 심사숙고한 끝에 결정을 하였다.
　　沈思熟考の末に決定を下した。

② 오랜 고생을 한 끝에 좋은 결과를 얻게 되었다.
　　長い苦労の末、良い結果を得た。

제 눈에 안경이지 (p.186, 8行目)
たで食う虫も好き好きだな

【解説】「제 눈에 안경」は直訳すると「自分の目に眼鏡」で、いくらつまらないもので
も自分が気に入ればよいものに見える、という意味の慣用句。

【例文】

① 저렇게 못생긴 사람도 예쁘다니 제 눈에 안경이지.

あんなにブサイクな人もきれいだなんて、たで食う虫も好き好きだね。

② 제 눈에 안경이라고, 이 옷이 네 마음에 든다면야 내가 무슨 다른 할말이 있을까.

たで食う虫も好き好きだと、この服があなたの気に入ったなら、私は何か他に言えることが
あるだろうか。

보기만 해도 군침이 돌 정도였습니다. (p.190, 下から4-3行目)
見ているだけでつばが出てきそうでした。

【解説】「-(으)ㄹ 정도」という表現は、先行節の状態と同じ程度で後続節の行動をす
るか、その状態になるときに使われる。

*「군침이 돌다 (よだれが出る)」は「食欲がわく」という意味の慣用句で、利益や財物に欲が出
るときにも使われる。

【例文】

① 목숨을 걸 정도의 깊은 사랑

命がけの深い愛

② 그는 얼마나 돈이 많은지 섬을 샀다는 소문이 나돌았을 정도였다.

彼はどれほどお金が多いのか、島を買ったという噂が流れたほどだった。

覚えておきたい韓国語表現

그런 기색은 손톱만큼도 찾아볼 수 없었습니다. (p.190, 下から2-1行目)
そんな気配はみじんもありませんでした。

【解説】「손톱만큼도 (爪の垢ほども)」は主に否定的な意味で、極めて少ない量を表す言葉。

【例文】

① 인정머리라고는 손톱만큼도 없다.
人情味 (思いやり) なんてみじんもない。

② 그는 손톱만큼도 쓸모는 없고 우리 일에 사폐만 끼칠 녀석이다.
彼は少しも役に立たないし、私たちの仕事に迷惑ばかりかけるやつだ。

생각의 꼬리를 놓지않을 것입니다. (p.224, 下から2-1行目)
思いを馳せることでしょう。(直訳:考えのしっぽを放さないことでしょう)

【解説】「생각의 꼬리를 놓지 않다」は「次から次へと考える、連想する」ことを表す言い回し。もともとは「꼬리에 꼬리를 물다 (しっぽがしっぽを噛む)」=「事が連続して起こる、相次ぐ」という慣用句から「생각의 꼬리를 물다 (考えのしっぽを噛む)」と変化し、派生して生まれた文学的な表現。

【例文】

① 나쁜 생각이 꼬리를 물고 떠올랐다.
悪い考えが後を絶たなかった。

② 그에게 행운이 꼬리에 꼬리를 물고 찾아왔다.
彼に幸運が次から次へとやってきた。

［IBC 対訳ライブラリー］
韓国語で読む不思議の国のアリス

2023 年 7 月 6 日　第 1 刷発行

原 著 者　ルイス・キャロル

翻訳·解説　ユ・ウンキョン

発 行 者　浦　晋亮

発 行 所　IBCパブリッシング株式会社
　　　　　〒162-0804 東京都新宿区中里町 29 番 3 号 菱秀神楽坂ビル
　　　　　Tel. 03-3513-4511　Fax. 03-3513-4512
　　　　　www.ibcpub.co.jp

印 刷 所　株式会社シナノパブリッシングプレス

ISBN978-4-7946-0765-2